ZÄHES BLUT
und Bratkartoffeln

ZÄHES BLUT
und Bratkartoffeln

hommage
an eine
unterschätzte
Generation

von

Friederike Edeltraud Schikora

Bibliografische Information der Deutschen Nationalbibliothek

Die Deutsche Nationalbibliothek verzeichnet diese Publikation in der Deutschen Nationalbibliografie; detaillierte bibliografische Daten sind im Internet über <http://dnb.d-nb.de> abrufbar.

ISBN 978-9-4625-4082-8

Gesetzt aus der 11/13,76 Pkt. Palatino
Umschlaggestaltung: Friederike Schikora

Inhalt

Danksagungen

ich danke meinem Bruder Götz! Er hat gesagt: „Schreib' – so wie Du redest!" Das ist unendlich lange her. Aber es hat mir Mut gemacht, endlich zu tun, wonach mein Herz von Kindheit an verlangte: Geschichten zu schreiben.

Ich danke auch meiner lieben Nichte Helena für ihr aufrichtiges Interesse

und Elke Blum (Dom-Forum, Köln) für emotionale Unterstützung und guten Rat.

Nicht zuletzt danke ich dem Deutschen Journalistenverband für die Initiative zur Einrichtung der Publikationsplattform vonjournalisten.de

sowie

Jörg Schiessel (preXtension GbR) und Dr. Klaus Berndl (Korrektorat) für die wunderbare Zusammenarbeit und wertvollsten Hinweise.

Meine Erzählungen sind frei erfunden. Ähnlichkeiten mit lebenden oder verstorbenen Personen sind keinesfalls beabsichtigt.

Lediglich die Geschichten „Die arme Judde-Mädscher", „Vergebung heilt!" und „Das tapfere Püppchen" orientieren sich teilweise an realen Lebensläufen.

Zur Einführung

Ich bin in einer Zeit aufgewachsen, als kaum irgendwo ein Fernseher lief. Das Verhältnis zur Nachbarschaft war eng. Als Kind war sie mir eine Art erweiterte Verwandtschaft. Die Familien saßen abends zusammen, und man erzählte einander, was alles an diesem Tag geschehen war. Die Welt war voller Geschichten. Besonders spannend waren die Erzählungen der Senioren. Die ältere Generation war in das Leben voll integriert, und es gab nicht den ausgeprägten Kult um die Jugend wie heute. Man hat noch viel gesungen. Es war die Zeit der Lieder.

Später, als Journalistin für Lokales, waren es die Nachbarschafts- und Dorffeste, die Zusammenkünfte der örtlichen Vereine und Interessensgruppen, die mich den Menschen näher brachten, in einer Zeit, als andere im aufstrebenden Wohlstand schon vor dem Fernseher den Kontakt zum häuslichen Umfeld verloren hatten.

Doch zunächst war mir das nicht anders ergangen. Ich hatte bei verschiedenen Fernsehanstalten immer mit Kulturredakteuren zusammengearbeitet, die Dokumentar-Filme über fremde Länder und das Leben berühmter Zeitgenossen drehten.

Mein Berufsalltag als Redaktionssekretärin war ein schillerndes Abenteuer. Gelegentlich war ich fassungslos, dass ich für diese meine Arbeit auch noch finanziell entlohnt wurde. Das kreative Umfeld der Ideen und die Atmosphäre der weiten Welt in den Fernsehsendern – wo die Luft bereits brennt, wenn nichts geschieht – war allerdings meinem inneren Wachtstum auf Dauer nicht unbedingt zuträglich. Die Lebensgewohnheiten der Buschpygmäen in der Zentralafrikanischen Republik und Sukarnos Sturz in Indonesien standen mir näher als die Weinernte im Rheintal und der Preis der Pfälzer Kartoffel.

Die Arbeit als Lokalreporterin schließlich brachte mich wieder auf den Boden regionaler Tatsachen zurück. Sie machte mich mit dem „normalen" Lebensalltag der Menschen in meiner kleinen Heimatstadt und ihrer näheren Umgebung vertraut.

Mir wurde bewusst, wieviel Kraft, Tapferkeit und leidenschaftliche Überlebenskämpfe in ihren vom Mainstream der Medien unbeachteten, sogenannten „kleinen" Leben pulsierten. Es betrübte mich, dass ihre Geschichten immer als zu wenig spektakulär, zu unzeitgemäß oder zu „alltäglich" abgetan wurden, um in einer Zeitung Platz zu finden. Sie sind doch spannend und unbedingt berichtenswert. So reifte der Plan für dieses Buch.

Vor dem Hintergrund deutscher Kriegsschuld geriet weitgehend in Vergessenheit, dass uns die Generation dieser Zeit auch ein beachtenswertes Erbe hinterlassen hat, an das sich zu erinnern durchaus lohnt: Ihre zähe Überlebensfähigkeit und ihr unerschütterliches Durchhaltevermögen fällt gerade in den Praxen der Ärzteschaft auf.

Die Smartphone-Generation von heute leidet unter einer permanenten Beschleunigung ihres Alltags, die zutiefst erschöpft. Kurzlebige Verbindungen und sinkende Ausdauerbereitschaft finden sich in allen Gesellschaftskreisen.

Hinzu kommt, dass Kinder und Enkel der Kriegs- und Nachkriegsgeneration deren tief sitzende Existenzängste in die Wiege gelegt bekommen haben, ebenso wie den Hang zur Vereinsamung. Aber eben auch jenes unerschütterliche Durchhaltevermögen und die Zähigkeit, das Unmögliche zu überleben!

Die Überlebensphilosophie der Alten stützte sich auf keine Zauberformel, die Berge versetzt oder auf ungewöhnliche, körperliche Belastbarkeit. Ihr Rezept war denkbar simpel: Was auch immer geschah, sie haben einfach weiter gemacht. Darauf können sich die Jüngeren heute besinnen. Man möchte ihnen zurufen: Gebt nie auf. Ihr seid stärker, als Ihr denkt!

Vier meiner Erzählungen fallen in die Zeit während und nach dem Zweiten Weltkrieg. Sie bezwecken weder eine Heroisierung von deutschem Leid noch dessen Aufrechnung gegen das ungleich höhere Leid der Opfer nationalsozialistischer Gewaltherrschaft.

Das Leid des Zweiten Weltkriegs ging letztlich von deutschem Boden aus und hat in der Aggressions- und Vernichtungspolitik des Nationalsozialismus seine Wurzeln. Der Genozid an den Juden ist zwar nicht die Schuld der jüngeren Generation aber eine historische Schuld Deutschlands, die nicht verjährt. In diesem Sinne heißt es, Kraft für die Zukunft zu schöpfen.

Besatzungskind

„... endlisch en Sohn! Der bleibt bei uns“

I.

„Hau ab“, schrie sie, und: „Komm bloß nit die Trepp hoch. Es is aus!“ Dann flog das Sprossenfenster mit hartem Schlag zurück ins Schloss. Drei Bröckchen poröser Kitt sprangen aus dem altersschwachen Rahmen, Harald vor die Stiefel.

Dann verschwand sie hinter dicht gerafften Spanngardinen in der Dunkelheit des ehelichen Schlafzimmers. Seine Heidelinde, die Liebe seines Lebens. Für ihn die Schönste aller, die ihn die Schrecknisse des Russlandfeldzugs hatte überleben lassen. Weil er sich gewiss war, selbst in den Augenblicken schwarzer Aussichtslosigkeit, tief drinnen in seinem unsterblich verliebten Herzen, dass sie auf ihn warten würde. Doch nun das!

Es war Heiligabend! Nachmittags um Fünf. Das Rheintal lag bereits in verhärmter Winterdunkelheit, die selbst die Dohlen mit dem Zorn der Schwermut streift, niemand lief mehr auf der Straße, die ganze Stadt schwieg wie ein Grab.

Im vereisten Schützengraben an der Front, mit brüllend leerem Magen, weil die Versorgung durch die Truppe abgerissen war, und schlaflos im tagelangen Trommelfeuer, selbst in diesem auf den Kopf gestellten, infernalen Chaos hatte er sich nicht so bedingungslos verraten und allein gefühlt wie jetzt in diesem schicksalhaften Augenblick.

Endlich heimzukommen ins vertraute Ambiente einer glückerfüllten Lebenszeit, wo jeder Häuserwinkel, jeder Erker von den Träumen seiner unbeschwerten Jugendjahre widerhallte, und mit der sonnenhellen Hoffnung auf die Segnungen des Friedens im Gepäck, um dann, man fasst es nicht: mit leerem

Kopf und Ohrensausen in den Abgrund schändlichen Verlassenseins zu stürzen, verlaust von Kopf bis Fuß, nutzlos und wehrlos, während sich der Rest der Bürgerschaft unterm Tannenbaum an die vertraute Nähe von Familie, Freunden und Verwandten kuschelt, das zu erleben ließ in ihm sogar die gehabte Angst vor einem jämmerlichen Tod zum hinnehmbaren Alltagschmerz verblassen.

Er fror erbärmlich in den verdreckten Fetzen seiner alten Panzeruniform. Freilich, er war gerettet und nicht verrückt im Kopf geworden wie manche seiner Kameraden und Gottseidank auch nicht verstümmelt! Doch jetzt wohin?

Im ersten Stockwerk über dem Kurzwarengeschäft auf der Oberstraße lag eine Frau im Fenster. Hanna Albrecht. Sie war so alt wie er. Zwei kleine Kinder. Der Mann in Stalingrad vermisst. „Mein Gott, Du bist das!“, rief sie. „Wo willst denn Du noch hin?“

„Sie lässt mich nicht mehr rein ins Haus! Wofür im Himmel hab' ich all den Scheißdreck überlebt!?“ „Komm hoch, wir habe noch 'ne Pfann' voll Bratkartoffele. Das reicht für vier.“

Die Buben rissen die Augen auf, als der Soldat mit leerem Blick unter dem verfilzten Kopfhaar durch die Tür gepoltert kam. Das zerrissene Schuhwerk mit durchnässten Wolllappen umwickelt, damit es dem Mann nicht von den Füßen fiel.

„Sieht Papa auch so schrecklisch aus, wenn er zurückkommt“, wollte der Jüngste wissen. „Sei still, Bub“, fuhr Hanna aus der Haut, „Sowas macht der Krieg.“

Es war warm im Raum. Im Bollerofen in der Zimmerecke knisterte ein kleines Armutsfeuer. Die Kinder hatten trockene Holzscheite, Rebreisig und morsche Baumäste eingesammelt, Schwemmgut, das das abfließende Hochwasser auf den Gehwegen in den Rheinanlagen zurückgelassen hatte. „Es wärmt noch zwei, drei Stunden, dann geht's ab in die Federn, sonst hält man's nicht mehr aus vor Kälte. Du bleibst hier und schläfst auf dem Sofa.“

Es gab keine Geschenke. Hanna las aus der Weihnachtsgeschichte vor. Der Älteste sagte mit frommem Blick aus großen

Hungeraugen ein Gedicht auf. „Von draus vom Walde komm ich her …“ Dann sangen alle „Stille Nacht, heilige Nacht.“ Bei der letzten Strophe angekommen, schlug der düstere Gast die Hände vors Gesicht und brach in ein raues Schluchzen aus. Dann ließ er seinen Emotionen freien Lauf. Das erste Mal seit vier verdammten Jahren.

Was die Grausamkeit blindwütiger Zerstörung auf dem Schlachtfeld nicht bewirken konnte, ein Lied des Friedens und der Liebe endlich ertränkte alle Härte, die die Not in seiner Seele angerichtet hatte, in einem Meer von Tränen.

Die Kinder ballten stumm die kleinen Fäuste vor dem Mund. Der jüngste plärrte mit Klos im Hals „Mamma, Du hast gesagt, Männer weinen nicht!“ „Sei still, Bub, so was macht der Krieg“.

Das karge Weihnachtsmahl war schnell verspeist. Die Kinder nickten von einem Augenblick zum andern auf dem Sofa ein. „Das kommt vom Hunger“, flüsterte die Mutter. „Sie fallen fast vom Fleisch. Wann werden die schon einmal richtig satt! Wenigstens haben wir noch uns drei. Wer weiß, ob mein Hannes überhaupt noch lebt.“

Aber Bombennächte, Hungersnot, Tod und Elend rücken die Herzen der Menschen über althergebrachte Grenzen kleinstädtischer Klüngelei hinweg enger zueinander. Und so ergab sich ein Gespräch von intimer Offenheit zwischen zwei Verlorenen des Krieges, die sich in Friedenszeiten nur vom Sehen kannten.

„Du armer Kerl, lass Dir eins gesagt sein, Du bist nicht der Einzige, den der Schlag trifft, wenn er heimkommt. Meiers Elsje aus de Rappelgass kackt sich jetzt schon in die Bux vor Angst, wenn ihr Oller in der Tür steht und gewahr wird, dass da plötzlich ein Kind in de Küsch rumkrabbelt, das niemals seins sein kann.

Nit nur bei Euch im Feld, auch bei uns hat die Not die Welt auf de Kopp gestellt. Auf die Lebensmittelkarte gab's so gut wie nix zu beiße. Kein Mensch wird von ‚ner Scheib‘ Brot am Tag satt. Un von zwei Kartoffele.

Jeder Mutter dreht's das Herz durch die Mangel, wenn sisch die Kinner Nacht für Nacht vor Bauchweh in de Schlaf heule.

Und da war halt de Kommandant von de Amerikaner. En riesische Kerl mit Spitzbauch un Schlitzauge. Der war jetzt Chef über die ganz Stadt. Der kam an alles ran. Ne Handvoll Weiber hat mit dem gepennt.

Nit immer nur aus Hunger. Die deutsche Männer war'n jo all weg an de Front bis uf die unbrauchbare Jahrgäng über seschzisch. Un so was ganz Ausländisches im Bett – unner uns: die Kerle maches auch mal mit de Schnüss un so … – das war halt mo ebbes ganz anneres.

Gelohnt hat sich's ach. Eschte Nylonschtrümp hat's dafür gegeb un Handtasche aus Kalbsleder, butterzart wie'n Säuglingsboppes. Un rischtische Champagner schtatt schwarz gebrannte Schnaps vom Bauer. Un Pafüm aus Frankreisch. Aus Pariiiiiiis! Die Weiber hon meterweit geroch wie en feine Puff.

Un all die annere, die sisch nit getraut hon mit dem Kerl rumzumache oder die der verwöhnte Knopp erst gar nit habe wollt im Bett, die sin halt weiter über die Obergass geschtiefelt mit zwanzisch Mol gestopfte Unnerbuchse un hon Dreck gefresse um zu überlebe.

Da is halt ach das Elsje schwach geworde. Aber nur um für was zum Beiße für die Kinner! Es hot das Gejammer von dene Kleene im Kopf nit mehr ausgehalte. Kannst Dir denke, dass es dem schöne Elsje Null Spaß gemacht hat rumzumache mit som großkotzische Spitzbauch.

Aber fünfzehn Kilometer sin der ihr fünf Mädscher jede Tag gelaufe bis nach Bingen aufs Gymnasium. Sowas steht der stärkste Ochs nit dursch mit ewisch nix im Mage. Un das Jüngste hat seit einem Jahr die Schwindsucht. Da opfert mer sich halt als Mutter, Bein breit, Auge zu un dursch.

Danach war wochelang die Vorratskammer voll mit Kartoffele un Schoggelad. Es klän Ulriksche hat mir ma en halbes Rippsche rüber gebracht. Eschte Vollmilch-Schokolaaaaaade: ‚Ess das, Tante, das schmeckt so süüüß, dass Dir die Nas läft un die Auge träne.'

Weißgott, nach dene Hungerjahre mit Brennesselsupp un trocken Brot verätzt Dir sowas glatt die Schnüss, pfurzt Dir durchs Gehirn wie die Vorfreud uf en Teschtelmeschtel un Du siehst Disch wieder Schieber tanze am Winzerfest im Festzelt uf de rappelvolle Tanzfläsch. Und Disch reißt die Vorschtellung in Fetze, dass im Leben nochma alles möschlisch ist, a l l e s! Geschisse druf. Son Schtücksche Schoggelad is schnell gegess.

Isch kann mir denke, dass es an de Front drauße die Höll is. Aber hier gibt's Mütter, die hundert Mal mehr Helde sin als Ihr Soldate all zusamme und die jede Tag es Ritterkreuz mit Eischelaub am Revers verdient hätte."

Das Misstrauen war groß gegenüber den neuen Herren, die Stimmung noch vergiftet und eine Annäherung zwischen Siegern und Besiegten durch die Hetzpropagada des Nationalsozialismus noch nicht möglich. Die kulturelle Vielfalt der Vereinigten Staaten wurde verunglimpft als minderwertiger Völkermischmasch aus Weißen, Afrikanern und Chinesen. Als „gemeingefährlich" allem voran galten Soldaten mit schwarzer Hautfarbe, genannt „Neger". Der Jazz, den die Amerikaner nach Europa brachten, heute geschätztes Kulturgut, wurde noch als „Urwaldmusik" in Grund und Boden verdammt. Dass einst der halbe Hunsrück nach Amerika ausgewandert war, um der Hungersnot in der Heimat zu entfliehen und auf dem fernen Kontinent die Chance bekam, ein neues Leben anzufangen, war vergessen. „Der Ami" (Volksmund) war der Feind und die Vorstellung, dass er im Begriff war, das Land von den Greueltaten eines faschistischen Regimes zu befreien, war noch nicht ins Bewusstsein der meisten Menschen vorgedrungen.

Ach ja, und erst die „Jumelage"! Undenkbar war auch die Verbrüderung von Deutschen und Franzosen, die nur wenig später zwischen meiner Heimatstadt Bacharach und Santenay (Burgund, Bourgogne) offiziell besiegelt werden sollte. Und die seither jedes Jahr um ein paar Herzensbindungen mehr bereichert wird!

Gingen gar Kinder aus einer Liaison zwischen den Alliierten und deutschen Frauen hervor, war das Entsetzen groß. In abwertender Anspielung auf die Siegermächte verpasste man dem Nachwuchs die Bezeichnung „Besatzungskind". Neben dem Schimpfwort „Neger“ war dies das Diskriminierendste, was Zeitgenossen jener Tage widerfahren konnte.

Zurück zum heimgekehrten Frontsoldaten: Harald ging am frühen Morgen. Er schlug den Weg zum Rhein hinunter ein. Dort verschwand er auf dem Leinpfad vis-à-vis der Insel im frühen Ufernebel und für immer aus der Erinnerung der kleinen Stadt am Rhein.

Seine letzten Worte aber, die er zum Abschied Hanna anvertraute, sollten ein Stück gute Zukunft schreiben: „Wenn der Meier-Edwin je nach Haus kommt und seinem Elsje ebbes antut, sag ihm, isch komm zurück un schlag ihn tot.“

II.

Letzerer indes kehrte, so spielt der Zufall, gleich am nächsten Tag heim, aus französischer Gefangenschaft, und lief vor seiner Haustür der Hanna Albrecht in die Arme. Die briet ihm ohne Umschweife die Botschaft über, die Harald hinterlassen hatte. Im Kopf die verquere Drohung eines Kameraden und nebulös gefasst auf Tod und Teufel, drückte Edwin die Türklinke zur ehelichen Wohnung herunter.

Am Küchenofen saß im grauen Dämmerlicht des Winternachmittags sein „Elsje“. Die Glücksfee seiner schwärmerischen Jugendjahre war nur noch ein ausgezehrter Schatten ihrer selbst. Ihr Blick schien erloschen, aber ohne jede Spur von Angst. Nur eine tiefe Lebensmüdigkeit lag wie ein grauer Schleier über ihren blauen Augen. Dann sah er das Kind.

Es kroch auf allen Vieren über die von der Sparsamkeit der Armut ausgebleichten Bodendielen. Ein blasses Leichtgewicht von Menschlein. Vielleicht ein Jahr alt. Erschreckend mager. Ein durchsichtiger, zarter Wasserfloh. Ein verlorenes Kriegskind halt, das wohl den nachsichtigen Beistand von vielen liberalen Friedensjahren nötig haben würde, um einmal in den Verhängnissen des Lebens mit dem Kainsmal seiner außerehelichen Herkunft zu bestehen.

Plötzlich hob der Winzling seine fadendünnen Ärmchen, streckte sie dem fremden Mann entgegen – und strahlte ihn an mit einer schwärmerischen Herzenswärme in den cognacbraunen Kulleraugen, zu der nur die noch völlig unversehrte Seele kleiner Kinder fähig ist. Edwins Brust zersprang fast unter dem Blitzeinschlag eines unerhörten Glücksgefühls.

Den ganzen Krieg über hatte ihm niemand zugelacht, und die Hölle des Überlebenskampfes hatte seine sämtlichen Empfindungen versteinert. Doch dieses eine Lächeln nur durchschlug die eherne Klammer um seine innere Verwundung wie ein Lichtstrahl die Finsternis der Nacht.

Alle Hoffnung auf ein neues Glück im Silberschein des Friedens, diese wunderbare Zuversicht unbeschwerter Vorkriegsjahre, die er längst verloren glaubte, dieses eine, von den Zerwürfnissen der Zeit noch völlig unberührte Kinderlächeln ließ alle seine toten Träume augenblicklich wieder auferstehen.

Er hob den Kleinen auf den Arm, küsste ihn auf sein kurzes Näschen und raunte mit schrägen Blick zu seiner Frau: „Endlisch en Sohn! Der bleibt bei uns."

Nach vielen Wochen erst, als auf dem Rhein die letzten Eisschollen im Licht der Mittagssonne schmolzen, als nach und nach die Säfte in den Bäumen wieder stiegen und der erste zögerliche Finkenschlag den noch etwas fernen Frühling avisierte, erst dann sah sich der Heimgekehrte in der Lage, auf seinem duldsamen Elsje die Schatten der Erinnerung abzuladen, die sein Herz bedrückten:

Auf dem Herd köchelte gerade in sanftem Gleichmaß die Dickebohnensuppe für den nächsten Tag. Das Elsje saß am großen Esstisch auf der alten Eckbank mit gebeugtem Rücken über seinem Strickzeug. „Stalingrad war en abgründisches Gemetzel", brummte da plötzlich der Edwin in die Stille eines endlos langen Nachkriegsabends, in dem noch kein Fernsehapparat lief und längst nicht jeder in der kleinen Stadt am Rhein über ein Radio verfügte.

Er bohrte seinen Blick wie Halt suchend in einen Ritz zwischen zwei der dank Elsjes Beharrlichkeit blitzblank polierten Bodendielen, atmete tief und schwer, und ein paar leere Augenblicke lang hatte es den Anschein, als sei sein Mitteilungsbedürfnis damit schon gestillt. Aber dann sah er seinem Elsje entschlossen ins Gesicht. Sein Kopf war feuerrot, und es brach aus ihm heraus: „Das war Häuserkampf ums Eck rum!

Wir habe uns gegenseitisch abgemurkst wie am Fließband. Rund um die Uhr. Als die Munition ausgegange war, halt mit'm Messer. Die Höll ist nix gege so ebbes. Aber keiner wollt krepiere, jeder wollt nur wieder heim. So war das.

Es gab so gut wie nix mehr zu fress un mir warn verlaust bis unner die Fußnägel. Gejuckt hat's wie bekloppt. Un dann die stundelange Einschläsch von der Stalinorgel mit ihrem krachende Gejaul. Du hast längst kei Nerve mehr, un's geht trotzdem immer weiter. Die ganz Nacht dursch. Der Wahnsinn nimmt kein End.

Un überall zerfetzte Kamerade, Arm weg, Bein weg. Alles Todeskandidate. Viele sin verrückt geworde. Andere ham sisch en Kugel in de Kopp gejagt. Nochma andere, die wusste, dass sie's nit mehr packe, ham mit'm letzte Atemzug gebettelt: ‚Grüß meine Eltern, meine Frau, die Kinder!' Einer hat geheult: ‚Nie mehr de Rhein im Frühling …', dann war er weg.

Danach gab's für mich nur eins: Hier raus! Egal wie. Isch bin mit'm letzte Flugzeusch weg aus Stalingrad. Es kam nur mit, wer'n handwerklische Beruf hat. ‚Wer ist Bäcker?', hat jemand gebrüllt. „Hier", hab isch geschrie. Isch hab mein Lebe noch kein Spitzbrötsche geback. So bin ich raus gekomm.

Es Schlachtfeld von obe war wie en Blick in die Höll. Von einem Horizont zum annere war de Schnee rot vor Blut. Do war kein weiße Fleck mehr. In dem Moment is in mir ebbes verriss. Nix auf der Welt kann das mehr kitte. So'n Horror wird nie mehr gut.

Auf'm Rückflug nach Ostpreußen hab isch das Land gesehn, das mir auf unserm Vormarsch überrannt ham. Ganze Dörfer warn platt gemacht, abgefackelt, in Grund un Bode geschoss. Isch dacht nur, wenn die Russe all das räsche wolle, was mir verbroche ham, ist Deutschland endgültig verlore."

Das „Elsje" ließ den seelischen Stuhlgang seines Edwins mit der leidgeprüften Tapferkeit einer Überlebenden kommentarlos über sich ergehen. Die Frau konnte nicht ahnen, dass der Mann ihr das bedrückendste seiner Kriegserlebnisse verschwiegen hatte: In Stalingrad hatte Edwin einmal bei einem Zweikampf sein Leben nur um Haaresbreite retten können. Als der junge Russe tot zu Boden stürzte, fiel aus dessen Jacke ein kleines Foto. Die Frau darauf war sehr jung, sehr schön und sehr blond. Kein Untermensch mit stierem Blick, fliehender Stirn und Neandertaler-Visage. Eine Bilderbuch-Arierin nach den Rassenträumen eines Joseph Goebbels.

An das Foto war mit einer Klammer ein anderes geheftet. Darauf zu sehen: zwei kleine Kinder. Höchstens sechs Jahre alt. Eines blonder als das andere. Das perfekte Abbild von Edwins Töchtern, als die vor ein paar Jahren in die Schule gekommen waren. Die hatten jetzt gottseidank noch ihren Vater, schoss es Edwin damals durch den Kopf. Die zwei Kinder auf dem Bild allerdings nun nicht mehr.

Doch der Soldat verspürte kein Entsetzen, keine Reue. Da war nur dieses eine bittere Triumphgefühl, das ihm wie ein kalter Wasserstrahl durch seine Eingeweide fuhr: „Ich habe überlebt! Der andere nicht. Aber ich. Das ist der Krieg.“ Dann krachten die nächsten Schüsse aus dem Hinterhalt. Edwin warf sich in Deckung. Der Überlebenskampf ging in die nächste unheilvolle Runde um die Häuserecken.

Dass es aber letztlich diese beiden Bilder sein sollten, die seine Freude, überlebt zu haben, einmal in einen Abgrund tödlichen Bedauerns stürzen würden, das hätte er nie für möglich gehalten. Aber es kam so.

Immer dann, wenn in den Jahren später die Familie abends beieinander saß, rund um den mollig warmen Küchenofen, Bratäpfel im Backrohr und Glühwein auf der Herdplatte, wenn das Wohlbehagen der vertrauten Nähe ihrer aller Herzen wärmte und die überwältigende Tatsächlichkeit, ein Inferno überlebt zu haben, selbst die Gedanken an die Hungerjahre nach dem Krieg erträglich machten, ausgerechnet in solchen Augenblicken tiefen Friedens überkam ihn die Erinnerung an jenen Augenblick in der Hölle Stalingrads, als ihm zwei kleine

Fotos in die Hände fielen. Völlig unvermittelt fuhr ihm dann ein Schmerz brennenden Entsetzens in die Magengrube.

Edwin sprang vom Stuhl und hastete ins nahe Gasthaus. Dort gab er sich am Tresen die Kante, bis der bohrende Blick der Zeugnisse schändlicher Erinnerung in einem bleiernen Besäufnis unterging.

Doch die Gnade anhaltenden Vergessens war ihm nicht vergönnt. Sie verschlang nur ungezählte Schnäpse und wenn der Rausch verflogen war, sprang ihn der Alptraum des Gewesenen erneut an wie ein böses Tier. Und mit ihm die Frage, die sein Leben für immer aus den Angeln hob:

Was mag aus der zarten, jungen Frau geworden sein, der er den Ehemann aus den Armen einer vertrauten Zweisamkeit gerissen hatte? Hat sie sich im quälenden Verlustschmerz mit Wodka aus der Welt getrunken? Oder erhängt wie Schöllers Anna in ihrem Trockenspeicher auf dem Holzmarkt, als sie erfahren hatte, dass ihr Willi an der Westfront vor Maubeuge gefallen war?

Oder hat das junge Frauchen noch einmal geheiratet und seinen Kriegswaisen ungewollt den bösen Stiefvater beschert? Und überhaupt: Hatte der Soldat von Stalingrad Eltern, Großeltern, Brüder, Schwestern oder andere Anverwandte? Gewiss doch, und wahrscheinlich eine große Sippe gar, die bis zum Ende ihrer Tage seinen viel zu frühen Tod beweinen würde. Bilder aus Lebenszeiten in den Händen haltend: „Seht her, das war mein Sohn Aljoscha, unser ganzes Glück. Er kommt nie mehr zurück. Mein Herz ist tot."

Ein kurzer Schnitt nur durch die Kehle, ein Augenblick des Grauens, den Edwin mit dem Teufel teilte, Gott im Himmel, welche schmerzerfüllten menschlichen Verstrickungen mag er auf den Weg geschickt haben!? Einem Einschlag ad absurdum gleich, der den See des Lebens mit einem Wellenschlag traumatischen Verlustgeschehens rundum in jede Himmelsrichtung überrennt.

III.

Zur beschämenden Beruhigung der kleinstädtischen Gemüter wies Hannemann, das „Besatzungskind", nicht einmal ansatzweise optische Merkmale auf, die seine unbotmäßige Zeugung hätten offenbaren können. Es kam ganz nach der Mutter.

Doch durch das Universum seiner Gene wehte eine steife Brise der amerikanischen Atlantikküste, wo sein leiblicher Erzeuger in New York City in einer wohlhabenden Familie deutsch-irischer Auswanderer aufgewachsen war. Seine fernöstlich anmutende Augenpartie verdankte dieser einer verschwiegenen Affaire seiner Mutter mit dem Chauffeur des Hauses, einem zugereisten Nachkommen chinesischer Arbeiter, die 1869 nach dem Bau der Pacific Railroad, der transkontinentalen Eisenbahnverbindung zwischen Omaha und Sacramento, in Kalifornien hängen geblieben waren,

Gesegnet mit dieser wetterfesten Mischung aus beinharter Bodenständigkeit seiner deutschen Vorfahren aus der Bacharacher „Rappelgass", der weltoffenen Mentalität der Weltstadt aller Weltstädte und einem bemerkenswerten Erbe aus dem Land der aufgehenden Sonne nahm das „Besatzungskind" Kurs auf das Leben.

Es überraschte mit einer Art, die Geschehnisse der Zeit zu kommentieren, der zur hilflosen Verblüffung seiner Familie fast niemand so recht folgen konnte. Deren Männer hatten sich rund um die kleine Stadt am Rhein als Zimmerleute, Dachdecker und Sattler einen schmeichelhaften Ruf von pedantischer Zuverlässigkeit erarbeitet.

Hannemann indes, kaum, dass er lesen konnte, zog es in das phantastische Himmelreich des geschriebenen Wortes, in die Seelenwärme stiller Lesesäle der Büchereien und Bibliotheken rund um die kleine Stadt am Rhein.

Das wiederum schürte im Kopf der auf angepasste Unauffälligkeit bedachten Mamma die beklemmende Vision, „der Bub mit seinem unergründlische Chinesekopp" könnte ihr davon fliegen, auf den Schwingen seiner zügellosen Phantasie in die Einsamkeit eines in der kleinen Stadt am Rhein abgelehnten

Sonderlings, dem schließlich aus Protest wider das allgemeine Unverständnis der verpönte Spitzbauch seines leiblichen Erzeugers wachsen würde.

„Bub, geh in die Volkstanzgrupp", beschwor sie einmal ihren Sprößling, als sie gerade von ihrer Arbeit an der Heißmangel in der Wäscherei nach Hause kam, „da kommst du rum im Land." „Ach Mamma, was soll ich auf'm Winzerfest in Buxtehude mein Tanzbein schwinge", antwortete der und nahm mit zielbewusstem Blick einen Flieger am Himmel ins Visier, der gerade das enge Rheintal überflog. „Ich reise mit Goethe nach Italien und Alexander von Humboldt um die Welt. Und wenn ich ganz erwachsen bin, tu ich was für die Verständigung der Völker." Da war der Bub gerade zwölf, und „der Vadder" grinste stolz: „Bist ja auch mein Jung." Der „Spitzbauch" hatte eine Saat gestreut, die der Sippe guttat und die auf ewig das fantastische New York mit der heimattreuen Bacharacher „Rappelgass" verbinden würde. Und die kein kriegerischer Akt der Welt aus den Erbanlagen von Hannemann und seinen Nachkommen je wird löschen können.

Hannemann avancierte, was niemand in der kleinen Stadt am Rhein so recht verstand, zum Liebling seines deutschen Ziehvaters und blieb dessen Glücksstern bis zum Lebensende. Das großmütige Familienoberhaupt indes soff sich zielsicher in ein frühes Grab.

Edwin verschied im Spätherbst an einem regnerischen Schmuddeltag im Vollrausch morgens um halb vier im Gewölbekeller der benachbarten Schnapsbrennerei. Dort war er durch das Lüftungsfenster eingestiegen, nachdem die Wirtin seiner Stammkneipe ihn zusammen mit den letzten Zechgesellen unter stimmgewaltigem Gezeter vor die Tür gesetzt hatte. Nach einem Wasserglas voll Vorlauf aus dem angezapften Schnapsfass hatte sein Herz endgültig aufgehört zu schlagen. Über seine geheimen Nöte hat der Held vom Tresen nie gesprochen.

Hannemann, inzwischen achtundzwanzig Jahre, hatte die Nachricht von Edwins Tod im fernen Chile nicht rechtzeitig erreicht. Als er zurückkam, lag der Mann bereits seit einem halben Jahr unter der Erde. Sein puppenkleines Urnengrab wirkte auf den Friedhofsgast wie ein Spottbild nackten Hohns auf die allmächtige Präsenz, die einst den Raum bis in den letzten Winkel gefüllt hatte, wo immer der zweimetergroße Poltergeist zu Lebzeiten auf der Bildfläche erschienen war. Kaum vorstellbar für Hannemann zu jener Zeit, dass diese Wucht von „Vadder" sich einmal mit einem solch kleinlauten Schlussakkord aus der Welt der Lebenden empfehlen würde.

Sein Blick glitt über die von Elsje hingebungsvoll gepflegte, voll erblühte Farbenpracht der Stiefmütterchen zu Füßen eines Grabsteins aus robustem Bruchstein, und er fühlte sich zutiefst berührt von diesem innigen Zeichen standhafter Verbundenheit. Er dachte an seiner Mutter gutes Herz, das immer voller Liebe war und allen Stürmen eines unerbittlich harten Lebens standgehalten hatte, und murmelte mit Kloß im Hals: „Vadder, Deine verdammte Sauferei hat all die Jahre die ganze Sippe mit einem Donnerhall aus Angst und Schrecken überzogen und die Mutter alt und krank gemacht. Wir wussten immer, dass Du uns geliebt hast. Aber Deine Randaliererei im Suff hat es schwer gemacht, daran zu glauben. Und all das Mobiliar, dass dabei in Trümmer ging! Wir Kinder hatten jahrelang nur eins: die Hosen voller Schiss vor Dir. In Deinem Nachlass aber habe ich zwei Fotos gefunden.

Du hast sie siebenundzwanzig Jahre lang im Geldbeutel mit Dir herumgetragen. Versteckt hinter einem alten Passbild unserer Mutter, auf dem sie noch ganz jung und schön und beseelt war von der Hoffnung auf ein Leben voller Glück und Liebe.

Jetzt weiß ich: Es war nicht die Sauferei, die Dich ins Grab getrieben hat, Vadder. Es war der Krieg. Bei Dostojewski habe ich einmal gelesen: ‚Zwei Dinge gibt es, die den Menschen einsam machen: Reue und Krankheit.' So ist es. Fast drei Jahrzehnte nach Stalingrad hat die Drachensaat des Bösen eines ihrer letzten Opfer eingefordert.

Wie im Himmel aber hast Du es geschafft, trotz Deiner inneren Verzweiflung so viele Jahre lang mit einem ungeliebten Job als Bauarbeiter den Lebensunterhalt für die Familie zu bestreiten, obwohl Du doch um alles in der Welt so gern als Kapitän zur See die Ozeane befahren hättest? Du hättest es wenigstens verdient gehabt, alt wie Methusalem zu werden.

Dein Jung hingegen, Vadder, durfte werden, was er immer werden wollte: Völkerkundler. Der ist gerade zurück von einer Expedition auf den Spuren Alexander von Humboldts durch Feuerland und Patagonien – und saumäßig glücklich! Der elende Krieg, das sag ich Dir, ist eine ausgemachte Schweinerei und prinzipiell für gar nix gut. Aber mir hat er das Leben geschenkt! Erzähl mir einer, die Welt wär' nicht verrückt ..."

Alter schützt vor Glück nicht!

die „Malwine aus de Unnergass"

Es war Mitte Februar und der kälteste Winter seit fünfzehn Jahren. Tief unten im dunstgeschwärzten Rheintal schlief im Schoß des vergrämten Nachmittags unter grauen Schieferdächern eine kleine Stadt. Über das Kopfsteinpflaster ihrer menschenleeren, engen Dämmergassen blies rau der Wind vom Wasser her und vertrieb die Dohlen aus den Pappeln an der Uferpromenade in die warmen Trockenspeicher der Fachwerkhäuser in der Altstadt. Die Zeit stand still – als hätte sie vergessen, dass ihr Sinn darin besteht, dass sie vergeht.

Nur im Pfarrsaal der kleinen Nikolauskirche, die fromm am Rhein seit Hunderten von Jahren für die Katholiken Bacharachs ihr zentnerschweres Eichentor geöffnet hält, regte sich ein Hauch Gemeinschaftsleben. Seniorennachmittag war angesagt. Ein Lichtbildvortrag über das sonnige Italien stand auf dem Programm. Doch niemand der wenigen Gäste hochbetagten Alters, die aus der Nestwärme ihrer Stuben den Weg über die zugige „Obergass" gewagt hatten, vermochte zu hoffen, dass der geeignet sein könnte, des Tages Öde aufzuhellen.

Schon gar nicht, als der Referent den Raum betrat. Der, ein schätzungsweise siebzig Jahre alter bleichgesichtiger Trauerklotz im schwarzen Anzug mit durchhängenden Mundwinkeln und dem Gesichtsausdruck schmerzender Entsagung, hatte sein technisches Gerät aufgebaut, ohne die erwartungsvoll blinzelnde Gästeschar eines Blickes zu würdigen, und lauerte nun, mit gekrümmtem Altersrücken an die Wand gelehnt, düsteren Auges auf seinen Einsatz.

Der Pastor hatte versprochen, die Gäste zu begrüßen, ließ aber wegen eines Todesfalls in der Gemeinde seit einer Viertelstunde auf sich warten. Darüber nickten ein paar Alte ein. Doch als der Notmann, so hieß der Herr, endlich auf den Auslöser des Projektors drücken konnte, geschah das Unfassbare: Südlicher Himmel schlug in maßlosem Blau ein Rad über eine schmale Gasse. Unter einem Spalier leutseliger Balkone hindurch zog es uns wie magisch ins pochende Herz einer italienischen Stadt. Dort flatterte jetzt, gebannt auf die Stirnseite des Pfarrsaales, zu Füßen des ans Kreuz geschlagenen Erlösers von Fenster zu Fenster die Trockenwäsche italienischer Hausfrauen im Wind.

Und wie sie flatterte. In aufgestachelter Frühlingsstimmung tanzten Unterhosen, Nachthemden, Babywindeln und Geschirrhandtücher nach den Freudenschreien heller Mandolinenklänge. Die fielen mit ihren blitzlebendigen, filigranen Silbertönen in den tiefen Ernst des Winternachmittags gleich einer Botschaft aus dem Paradies ein, schossen den Alten wie Champagner in die müden Glieder und schwirrten ihnen durch die aufgescheuchten Köpfe, bis die Hälse der Damen mit roten Flecken beschlugen. Ein vergessenes Sehnen riss unsere Herzen auf.

Wir flogen dahin auf den Schwingen sternenklarer Klänge, durch die Lüfte gewirbelt vom Wind des Südens, und segelten hinein, kopfüber, in die Metropolen norditalienischer Kunst. Eine Stadt nach der anderen öffnete ihre Tore, enthüllte uns, geführt vom wohlgesetzten Kommentar unseres Leitkranichs Notmann, die Orakel ihrer kulturellen Faszination und jubelte uns zu, mandolinenhell: „Wir haben alle auf Euch gewartet, alle!“

Es trug uns fort über silberne Flüsse und blauschwarze Wälder aus Pinien und Zypressen, über mondstille Buchten an verträumten Stränden, von der Brandung wie mit einem Glitzerband aus Perlenketten eingesäumt, und wir waren frei, sooo frei.

Dann kam auch noch Sturm auf, und losgelassen von diesen dicken Saiten der Gitarren ließ er uns schweben auf der Flugroute der Singvögel hoch über die Apenninen hinweg hinunter in die Ewige Stadt. Dort geleitete er uns im Trommelwirbel eines zackigen Bolero um die unsterblichen Säulen des Forum Romanum, lockte uns, gehüllt in eine Zirruswolke zarter Sphärenklänge, durch leuchtende Kirchen und stumme Klöster und schließlich mit der Lichtgeschwindigkeit eines trällernden Stakkatos die weltberühmten Stufen der „Spanischen Treppe" hinauf.

Mal schwoll die Musik an zum tosenden Orkan und blies den Pfarrsaal auf zum Fesselballon, mal verlor sie sich als zarter Windhauch in den Deckenbalken. Von der ersten Sekunde an hatte uns der Italienreisende im Griff. Wir strandeten erst wieder mit den Köpfen in der Wirklichkeit, als der Referent das Licht andrehte.

Wir saßen wie vom Donner gerührt. Wir brannten lichterloh. Den Künstler aber ließ das kalt. Er klaubte, eines nach dem anderen, im monotonen Gleichmaß beleidigter Routine seine technischen Geräte zusammen, verabschiedete sich mit bösem Gesicht von unserem Herrn Pastor und verschwand, inzwischen fast schon unsichtbar, zur Tür hinaus, ohne die Gäste eines Blickes zu würdigen. Unter den Arm geklemmt trug er den Diaprojektor, sein Fenster zum Leben.

Drei Wochen später war der Notmann tot. Er war innerhalb weniger Tage in seiner Heimatstadt Frankfurt an einem bösartigen Geschwür des Dickdarms gestorben. Die Nachricht von seinem schlimmen Ende drang nicht bis Bacharach, weshalb er dort auch nicht vermisst werden konnte.

Aber er hatte mit seinem Lichtbildvortrag im Pfarrzentrum eine Spur gelegt, die nicht verwehen sollte.

Sie führte vielmehr pfeilgerade in das Heimatland der Mandolinenklänge und stellte die innerstädtische Weltanschauung über das Liebesleben von Senioren nachhaltig auf den Kopf.

Einen Tag nach Notmanns Beisetzung nämlich war ein Reisebus aus Bacharach, wer hätte das gedacht, zu einer Fahrt ins sonnige Venedig aufgebrochen. Unter den Passagieren an Bord saß eine der Seniorinnen, die den besagten Altennachmittag im Pfarrzentrum besucht hatte. Sie hieß Margarete Malwine Pulger, bekannt in der kleinen Stadt am Rhein als „die Malwine aus de Unnergass".

Malwine, 82 Jahre alt, kehrte von dieser Fahrt nicht wieder zurück. Was sie dazu getrieben hatte, schien unfassbar.

Sie hätte sich „verliebt, die alte Kuh", so der Busfahrer nach Rückkehr in Bacharach mit einem Blick, der die Welt nicht mehr verstand, und sei geblieben. Der Volksgeist in der kleinen Stadt am Rhein tat sich schwer damit, die unfassbare Neuigkeit in seinen ereignisarmen Alltag einzuordnen. Er schwankte zwischen dankbarer Akzeptanz – endlich eine Abwechslung im öden Gleichmaß leerer Wintertage – und flammendem Entsetzen.

Wenn schon „einem alten Ackergaul" zu wohl würde, so die mehrheitliche Meinung der Zurückgebliebenen, gehörte zumindest die Nachbarschaft von ihm persönlich über diese Eselei in Kenntnis gesetzt. Weil aber dies nicht geschehen war, was niemand begriff, wurde Malwine der Einfachheit halber mehrheitlich für verrückt erklärt und schnell vergessen.

Doch dann kam ein Brief an in der kleinen Stadt am Rhein. Er war an den Pastor adressiert. Darin teilte Malwine in überraschend forschen Zügen einer makellosen Steilschrift dem Gottesdiener mit, dass sie in drei Monaten mit ihrem Verlobten, einem pensionierten Regierungsbeamten aus Düsseldorf, kurz nach Bacharach kommen wolle, „um in den Stand der Ehe einzutreten."

Sie bat den Gottesdiener, „die Trauung zu vollziehen." Danach wolle sie mit ihrem Mann im Sommer in Venedig leben und im Winter in Rom. Mehr erfuhr auch der Pastor nicht.

In Malwines Nachbarschaft schlug die Nachricht wie Post von einem anderen Planeten ein. Dort, auf der uralten Wehrbefestigung, wo sich seit Zeitgedenken die betagten Fachwerkhäuser mit ihren schwarzäugigen Dachspeichern, puppenkleinen Sichtbalkonen und den leeren Fensterhöhlen ausgedienter Schießscharten um den besten Blick aufs Wasser balgten, in dieser mauerritzenhaften Enge hoch über der „Unnergass" wurde von jetzt auf gleich das Leben derart unerträglich, dass manch einer gerne mit einem Satz aus ihm heraus gesprungen wäre. Irgendwohin, wo der Blick frei in den Silberschein der Ferne schweifen kann, wo kein Berg mehr die Sicht beengt und die Sonne ewig scheint.

Höchst interessiert jedenfalls zeigte man sich nun am späten Glück einer Greisin und überrascht davon, dass Malwine nun doch nicht verrückt geworden war. Doch die ganz offensichtlich so glücklich Genesene verschanzte sich weiter hinter einem Wall aus Schweigen. Aus gutem Grund. Denn hätte sie ihrer Nachbarschaft einen Brief geschrieben, einen aufrichtig ehrlichen, aus dem hervorging, was sie wirklich dachte und fühlte, hätte Folgendes darin gestanden:

„Wo habt Ihr Euch versteckt in den bitterarmen fünfundachtzig Jahren meines langen Lebens, als ich mich mit wehem Herzen danach verzehrt habe, von Euch geschätzt zu werden als Mensch wie andere auch? Habt Ihr je einen Gedanken daran verschwendet, wie ich im Schatten Eurer Sonnenleben über die Runden meiner fast mittellosen Tage kam in diesem seelenlosen Häuserloch oben auf der alten Stadtmauer, das ungeheizte Klo im Keller und mit einer klammen Küche im Parterre, die dreimal jährlich im Hochwasser ersoff?

Ich hatte Rheuma in den Knochen und Salpeter im Erdgeschoss, war einsam wie die Fliege an der Wand und in die verrücktesten Grübeleien hoffnungsloser Sparsamkeit verstrickt, um nicht verhungern zu müssen an meiner erbärmlich kleinen Jammerrente. Ich, die von der Gesellschaft ausgemusterte Malwine, die gerade einmal aus der Ferne hat erleben dürfen, mehr nicht, wie Ihr Euch an Euren im Glanz des Nachkriegswohlstands aufblühenden Familien wärmen konntet.

Wie Ihr für viel Geld Eure wurmstichigen Hütten aus verputztem Fachwerk in wohnliche Paläste verwandelt habt und alle Jahre wieder auf eine dieser paradiesischen Inseln im Meer davongeflogen seid, wo der Himmel höher ist und die Sonne heller scheint als im engen Rheintal. Und wo die Luft so leicht ist, dass man den schwermütigen Bacharacher Winter vergisst.

Sechzig Jahre lang habe ich mir, versteckt weit hinten in den Dämmerecken der Hotels, im schwülen Küchendunst von Spülsteinen und Abfalleimern die Hüfte schief gestanden als das nützliche, seelenlose Faktotum, das die Essensreste jener Traumgerichte von den Tellern wischte, deren verlockender Anblick Nacht für Nacht durch meine Träume geisterte, weil ich mir die exquisiten Speiseköstlichkeiten der noblen Gästeherrschaft draußen im Lokal finanziell nicht leisten konnte.

In den Fremdenzimmern durfte ich – wer sonst? – das Erbrochene der vom Rausch gefällten Kegelbrüder aufwischen wie ein dämlich-guter Hausgeist, der immer bei strammer Gesundheit ist, keinen Ekel kennt und keine feinsinnigen Bedürfnisse, und dessen Treue „zum Haus“ so selbstverständlich ist wie die eines Hundes.

War ich doch niemand weiter als die armselige Schwester von dem „Hannes mit dem Wasserkopp“, von der Frieda mit dem Klumpfuß und die Tochter von „Pulgers Willi aus de Unnergass“, der seine schwindsüchtige Frau ins Grab gesoffen hatte. Niemand hat sich je nach meiner Freundschaft gesehnt, weil mein Gesicht so hässlich war wie meine Herkunft und mein linker Fuß ein Pferdehuf.

Als wir in die Reife kamen, habt Ihr den Buben aus der Nachbarschaft mit dem Leuchtfeuer Eurer makellosen Unversehrtheit die Hälse verdreht, als sei nichts selbstverständlicher als das, während ich, auf unserer bröckelnden Sandsteintreppe kauernd, meinen brennenden Blick an Eure lachenden Gesichter gehängt habe. Wie versteinert vom Verzicht, weil alle jungen Menschen in der Stadt ein Recht auf solche Lichterlebnisse hatten, nur ich nicht.

Weiß Gott, Ihr habt alle Eure kleinen und großen Liebschaften genießen dürfen mit den himmelweiten Glücksgefühlen, die das Herz über den Wolken kreisen lassen, während mir nichts blieb als blödsinnige Entsagung. Und Pflichterfüllung.

Nacht für Nacht hat mich das närrische Getrommel an der Zimmerwand aus dem Schlaf geschreckt, weil wieder einmal der Vater in seinem Delirium wie der Teufel nach den schwarzen Geistern schlug, die ihn mit dem Küchenmesser häuten wollten – nicht die Spur bemitleidet von auch nur einem einzigen Menschen aus der Stadt.

Wer so hässlich war wie ich und auf der Müllkippe der Gesellschaft geboren wurde, so dachtet Ihr wohl, durfte keine feinen Sehnsüchte hegen, die das Herz mit dem Zauberschein der Hoffnung wärmen.

Aber all die Zeit – das konntet Ihr nicht wissen – stand auf meinem Nachttisch eine kleine, bunt bemalte Figur aus Holz. Sie war nicht höher als eine Kaffeetasse. Der Hannes mit dem Wasserkopp hatte sie beim Stöbern nach verwertbarem Hausrat auf der Mülldeponie am Rheinufer ausgegraben. Wenn man den Kopf von dem Püppchen abhob, ertönte eine kleine, feine Melodie. Die klang wie ein Bündel Sonnenstrahlen, das übers blaue Meer herbeigeflogen kommt.

Mein Vater, der als Soldat in russischer Gefangenschaft gewesen war, meinte, das Instrument sei eine ‚kostümierte Balalaika'. Diese Balalaika, das sag ich Euch, hat mir der Herr geschickt! Alle Liebe, die es auf der Welt gibt, hielt sich in ihrem Uhrwerk versteckt.

Als ich das erste Mal ihr Köpfchen mit dem weißen, bunt bestickten Trachtenkäppchen abhob und mir diese silberne Musik entgegenperlte, wurde mir der Sinn plötzlich federleicht und mein Herz begann zu schweben. Fortan musste ich nur, wenn wieder einmal der Alltagskummer über mir zusammenschlug, an die kleine Spieluhr auf meinem Nachttisch denken. Sofort war sie wieder da, meine kleine, feine Melodie und trällerte mir zu:

‚Ich liebe Dich, vergiss es nicht, tirilliliiiiiiiii!'

Die größte Überraschung aber hielt meine kleine Melodie für mich bereit, als ich den Seniorennachmittag im Pfarrzentrum besuchte. Plötzlich war sie mitten unter uns! Dabei hatte ich sie gar nicht gerufen. Und sie war nicht einmal alleine gekommen. Sie hatte ein ganzes Orchester mitgebracht. Italienische Verwandtschaft, ein Heer von Mandolinen. Das schrie vor Freude auf und warf ein Feuerwerk goldener Töne in den alten Pfarrsaal.

Die rollten über die Tische und die kahlen Wände hinauf und wieder hinunter, schwirrten durch die Weingläser, hüpften auf den Fußboden und trommelten die Dielen entlang, jeder Ton ein Quäntchen Glück von meinem nicht gelebten Leben. Das aber, mein nicht gelebtes Leben, schien plötzlich auf verrückte Weise blitzlebendig geworden zu sein.

Der kleine Saal wurde himmelweit und mir war, als fiele durch die schwarzen Deckenbalken strahlend heller Sonnenschein. Der leuchtete meine ganze Seele aus, und plötzlich wusste ich, dass ich alles haben kann, was ich will. A l l e s!

Ein wehes Sehnen packte mich nach dem Land, in dem meine kleine Melodie zu Hause war. Ich griff mir mein klammes Sparbuch, das ich zwischen den Suppentellern im ewig feuchten Küchenschrank versteckt hielt, hob auf der Bank die achthundertfünfundsiebzig Mark ab, die ich mir in vierzig Jahren zusammengespart hatte, und buchte eine Reise nach Venedig.

Dort angekommen, lief ich, die weltferne, tapsige Malwine, zu unfassbarer Form auf. Ich setzte mich von der Reisegruppe ab, kaufte einen dieser kleinen, handlichen Führer, die die Gäste sicher durch die Stadt lotsen, und zog alleine los.

War das eine Welt! Gewiss, auch Venedig hat enge, lichtlose Gassen wie unsere kleine Stadt. Und viele Häuser dort sehen abgekämpft und müde aus. Aber über dem Verputz ihrer bröckelnden Fassaden lacht ewig blauer Himmel, und vom Meer herein weht immerzu ein Wind, der aus einer Ecke der Welt zu blasen scheint, wo die Hoffnung wie Äpfel auf den Bäumen wächst.

Das macht die Stimmung steigen wie ein mit Gas gefüllter Luftballon und pumpt die Venezianer mit einer wirbeligen Lust am Leben auf, die durchschlägt bis in die letzten Handgriffe täglicher Routine.

Der Cappuccino im Restaurant wird von der Bedienung nicht etwa vor dem Gast auf den Tisch gestellt, nein: Er segelt herbei! Der Teller mit dem Schlag Spaghetti ebenso. Und niemand läuft hier ganz normal, was zur Folge hat, dass mir bereits vom tänzelnden Gang der Kellner die Brille beschlägt.

Einmal, mein Klumpfuß war vom ungewohnten Laufen doppelt so dick geworden, setzte ich mich auf eine Bank am Fuße der Rialtobrücke. Ein Kahn nach dem anderen zog vor mir geräuschlos auf dem Wasser seine Spur, bis auf den letzten Platz besetzt mit leuchtenden Touristengesichtern voller Lust auf die nächsten Urlaubsstunden in der Bilderbuchkulisse venezianischer Lagunen.

Vom Wasser tanzte eine Handvoll sonnenwarmer Luftwirbel herbei, blies über die welke Haut meiner nackten Unterarme und küsste mein hässliches Gesicht. Im nächsten Moment überrannte mich eine Gier nach dem Leben mit einer Wildheit, die mir die Luft zum Atmen nahm. Mir sprangen die Tränen in die Augen.

‚Ist Ihnen nicht gut?', schreckte mich eine raue Männerstimme auf. ‚Aber nein, im Gegenteil'. ‚Warum weinen sie dann?' ‚Weil ich so glücklich bin.' ‚Und worüber sind Sie so glücklich?' ‚Weil ich meiner kleinen Melodie gefolgt bin.'

Der Mann stellte sich mir als Justizbeamter im Ruhestand vor, der früher einmal in der Nähe von Düsseldorf zu Hause gewesen war. Er lud mich ein zu einer Tasse Kaffee. Das war für mich die erste Einladung meines Lebens zu einem Rendezvous!

Der Herr aus Deutschland führte mich in eine stille Seitengasse und dort in eine kleine Trattoria, die sich im Erdgeschoss eines mächtigen Palazzo mit schütterer Fassade vor dem lärmenden Touristenstrom versteckt zu halten schien.

Dort angekommen, geleitete der Mann mich – er geleitete tatsächlich! – zu einem puppenkleinen Tisch mit neonweißer Marmorplatte, der unter einem hoch aufgeschossenen Fenster an der alten Hauswand stand. Hier schließlich geschah das Unfassbare: Ein Blick durchs altersblinde Glas hinaus in die stille Gasse warf mich dem Diavortrag des Herrn Notmann in die Arme.

Hoch über unseren Köpfen flatterte an einer von Fenster zu Fenster gespannten Leine die Wäsche italienischer Hausfrauen im Wind. Und wie sie flatterte. In aufgestachelter Frühlingsstimmung tanzten Unterhosen, Babywindeln, Nachthemden und Geschirrhandtücher nach den Freudenschreien sonnenheller Mandolinenklänge.

Und sie bekamen Besuch. Aus Deutschland. Von meiner kleinen Melodie! Die rieselte wie Schnee vom Himmel herunter in die venezianische Symphonie und verschmolz mit ihr zu einer Partitur aus Zaubertönen, die alles vergessen machte, was ich bis dahin an Musik gehört hatte.

Der Kellner tänzelte herbei, mein Schwindel flog mich an, der Kaffee segelte vor uns auf die Marmorplatte, und ich hoffte, am Rande einer Ohnmacht, dass der Rausch der unerhörten Begegnung mir nicht den Stuhl unter dem Hintern wegziehen würde wie weiland der Schnaps meinem Vater. Doch es hielt mich im Lot. Und zwischen diesem und dem nächsten anregenden Getränk erfuhr ich, dass Julius, so hieß der Herr, im Sommer in Venedig lebte und im Winter in Rom.

Nach dem Tod seiner Frau habe er das Klima im Ruhrgebiet nicht mehr vertragen. An einer Bronchitis sei er beinahe erstickt. Danach habe er sich entschieden, in den Süden umzusiedeln, um zu überleben. Der Preis dafür sei sehr hoch gewesen. Seine Freunde habe er in Deutschland zurücklassen müssen. Er sei sehr einsam.

Danach sahen wir uns täglich. Einmal, ich glaube, es war am fünften Tag nach unserer ersten Begegnung, hat er ohne erkennbaren Anlass plötzlich seine Hand auf die meine gelegt. Nein, Ihr seid nicht mächtig, nachzufühlen, was das für mich bedeutete.

Seit achtzig Jahren hat mich niemand mehr angefasst. N i e m a n d! Doch seit Julius' Hand die meine berührt hat, fühle ich mich wie neu gemacht. Mein Bauch ist voller Mut, und ich lache in jeden Wind, der mir entgegen bläst. Und wer meinem Julius ein Haar krümmt, den renne ich über den Haufen.

Er ist ein alter, kranker Kerl, mein Julius. In Euren Augen wohl zu nichts mehr nütze. Aber er bekommt m e i n e Liebe. Die ist vollkommen unverbraucht. Das macht ihn stärker als den stärksten Mann!

Von meiner kleinen Melodie habe ich seitdem nichts mehr gehört. Ich brauche sie nicht mehr.

Es grüßt Euch Malwine."

Die arme Judde-Mädscher

mit siebzig Jahren ins KZ

Die folgende Geschichte widme ich den Bacharacher Zwillingsschwestern Jenny und Bertha Wolff, genannt „die Wolffe-Mädscher", nach Theresienstadt deportiert, gestorben am 13. und 27.8.1942: Opfer des Holocaust.

Sie ist ein Versuch, in freier Gestaltung die letzten Stunden von Opfern nachzuempfinden, die auf ihren Abtransport in den sicheren Tod warten. Einzelne Passagen, die mit dem Schicksal der Bacharacher „Wolffe-Mädscher" übereinstimmen, sind beabsichtigt.

Ja, Sie waren siebzig Jahre alt, bucklig geschafft von einem langen Arbeitsleben ohne rechten Feierabend in ihrem kleinen Stoffelädchen in der Altstadt, und genossen nun in stiller Eintracht den verdienten Ruhestand. Bis das Land, das sie so liebten, sie nicht mehr leben lassen wollte.

Niemand weiß, welche abgründigen Seelennöte sie durchlitten vor dem Abtransport in das KZ. Unbestritten aber ist, sie wollten leben und nicht sterben. Und schon gar nicht wie Müll aus Fleisch und Blut nach einem fürchterlichen Gast-Tod in irgendeinem der Vernichtungslager durch den Schornstein eines Krematoriums aus der Welt entsorgt werden.

Nein, sie wollten weitermachen wie du und ich, die wir heute in demselben Alter sind und die wir völlig unbeirrt von unseren späten Jahren voller Hoffnung darauf setzen, dass wir noch lange, lange bleiben können.

Seit ich weiß, wo „die Schillings-Mädscher" (Volksmund) ihre letzte Nacht vor dem Abtransport verbracht haben, hat unsere Platanengasse für mich den zarten Glanz kleinstädtischer Idylle eingebüßt.

Diese verträumte Wohnbehaglichkeit der windschiefen Fachwerkhäuserwelt dort, die von Kindheit an mein Herz mit einem Gefühl wärmender Geborgenheit verzaubert hat, sie atmet heute schwer für mich unter der Schuld einer grausamen Geschichte.

Dies trübt auch die herrliche Erinnerung an jedes Jahr im Herbst, wenn die großen Leiterwagen mit den vorgespannten Kühen aus den Dörfern von der Rheinhöh' übers rumpelige Kopfsteinpflaster angezuckelt kamen, gewaltige Bütten auf den Planken aus massivem Holz, randvoll mit frisch geernteten Trauben.

Vorne auf dem Bock die Winzer mit ihren wettergegerbten Gesichtern, die Zügel lässig in den rauen Händen haltend. In einer langen Karawane mit der zeitlosen Geduld jener leisen Tage wartend vor dem Genossenschaftsgebäude, wo „das Gold der Region" auf einer Rampe mit feierlichem Ernst gewogen wurde.

Wir Kinder sind zwischen den eisenbeschlagenen Wagenrädern der Fuhrwerke herumgetollt, haben den Rindviechern beim Wiederkäuen neugierig aufs Maul gestarrt und ihre Kuhfladen gezählt, die sie aufs Kopfsteinpflaster hatten fallen lassen. Nicht ahnend, dass im gewichtigen Genossenschaftsgebäude nur zehn Jahre zuvor die beiden alten Bacharacher Zwillingsschwestern Rosa und Hanna Schilling in ihren schauerlichen, letzten Stunden vor Angst mehr tot als lebendig dem Tag der Verschleppung ins KZ entgegenzitterten.

Seit ich weiß, welches schreckliche Vermächtnis das Genossenschaftsgebäude hütet, frage ich mich: Wie erlebt ein Mensch die Nacht vor seinem Aufbruch aufs Schafott? In den USA darf sich der Todeskandidat am Tag vor der Hinrichtung eine Henkersmahlzeit ausbedingen. Auf Wunsch leistet ihm sogar ein Seelsorger mitfühlenden Beistand.

Die „Schillings-Mädscher" indes, unschuldig wie der junge Tag, wurden einsam weggesperrt wie Schlachtvieh für den kommerziellen Tötungsakt, der in der Hand des Metzgers nur eine lästige, formelle Handlung ist gegenüber einer Kreatur, deren Lebenssinn von Anfang an darin besteht, auf der Schlachtbank auszubluten.

Sie hatten nur sich selbst, die alten Zwillinge, und ihre schizophrene Einsamkeit der Angst. Sie wohnten gerade eine Handvoll Häuser entfernt von dem Genossenschaftsgebäude, doch nicht einmal die letzte Nacht in den eigenen vier Wänden hatte man den Opfern zugestanden. Und eine Fürbitte des Ortsgendarmen war gar für den Mann als Schuss nach hinten losgegangen. „Verschonen? Nachbarinnen? Bist Du wahnsinnig! Das ist der Staatsfeind Nummer eins. Zionistisches Gesindel!", hatte der Parteisoldat ihm durch den Fernsprecher ins Ohr gebrüllt. „Wenn ich das weitermelde, hockst Du morgen mit Deinen Judenweibern zusammen im Transport nach Theresienstadt."

Ein staatlich verordneter Verschleppungsmechanismus hat offenbar seinen amtlich vorgeschriebenen, rituellen Ablauf, den es – deutsche Gründlichkeit muss sein – verbissen einzuhalten galt. Also wurden sie erst einmal weggesperrt, die „Judde-Mädscher", einsam hinter Schloss und Riegel, um zu demonstrieren: Jeder Fluchtversuch ist sinnlos. Doch wohin denn hätten sie sich retten sollen, die verarmten Frauen ohne einen Pfennig Fluchtgeld in der Tasche. Wohin?

Die Grenzen Europas hatten in verbohrter Eintracht längst dichtgemacht gegenüber deutschen Juden, die auf fremder Erde Zuflucht suchen wollten. Und wer die finanziellen Mittel besaß von den Bacharacher Juden, der hatte sich, bevor europaweit die Stimmung gegenüber den Verfolgten kippte, über den Großen Teich auf und davongemacht.

Ehrbare Geschäftsleute waren das, die einen festen Platz in der Gesellschaft unserer kleinen Stadt belegten. Deren vorbildliche Leben den Stammtischspruch vom „Jud, der alle Welt bescheißt" ad absurdum stellten. Doch obgleich ihr braver Leumund sie nicht verschonen konnte vor dem Vernichtungshass großdeutscher Schreckensträume, blieb ihnen doch das Glück gewogen, sich dem Zugriff eines Tötungsapparats zu entziehen.

Die zurückgebliebenen „Schillings-Mädscher" indes mussten erleben, wie ein vertrautes Antlitz nach dem anderen aus ihrer jüdischen Gemeinde von der Bildfläche verschwand. In der Anonymität des Morgengrauens, mit dem ersten Zug oder mit dem Auto in der Dunkelheit der Nacht. Während den bitterarmen Zwillingen nichts blieb als das Warten auf die sichere Vernichtung.

Ein Schauspiel des Schreckens, das sich für die alten Damen über Jahre hinzog. Darum die Frage noch einmal: Wie überlebt man eine solche Nacht in abgründiger Verzweiflung? Wie nun? Ich bin Journalistin. Ich will es genau wissen. Das liegt in der Natur meines Berufs. Wie soll man sonst über etwas schreiben, das man nicht bis in die verstaubten Winkel eines Sachverhalts nachvollziehen kann?

Frage also: Gab es ein Bett zum Schlafen im Genossenschaftsgebäude? Mit Sicherheit nicht. Wo legt man sich dann hin, wenn die Nacht kommt? Auf den nackten Steinboden? Oder auf einen Tisch? Auf denjenigen vielleicht, an dem die gewichtigen Vorstandssitzungen des Genossenschaftsverbands tagten?

Wo die Beschlussfassung einer jeden Sitzung in aufgeräumter Plauderstimmung mit einem edlen Tropfen Riesling Spätlese begossen wurde? Bei feierlichen Dankesreden, mit denen man verdiente Genossenschaftsmitglieder ehrte? Oder in beschaulicher Atmosphäre stillen Gedenkens an Verstorbene, die in Würde dahingeschieden waren?

Zu deren Erinnerung man eine respektable Ruhestätte auf dem Friedhof weit draußen vor der Stadt ausgehoben hatte – statt ihre Lebensspur im Verbrennungsofen eines Krematoriums bis zum Ende aller Tage auszulöschen.

Was also tut der Mensch, wenn ihm ein fürchterliches Ende droht? Stürzt er in sich zusammen und weint verzweifelt? Oder hält er sich an einem Leidensgenossen fest? Ein alter Zwilling an einem anderen alten Zwilling? Zitternd vor Entsetzen oder zu Stein erstarrt in lähmender Erwartung des Grauens, das am nächsten Tag mit schwarzer Hand nach seiner armen Seele greifen würde? Eine Nacht in Angst kann Jahre dauern!!!

Es gibt Aussagen von Überlebenden des Holocaust, die die unfassbare Erfahrung machen mussten, wie auf dem Weg zur Gaskammer die schwarze Haartracht jüdischer Frauen zu grellem Weiß verblich. In nur wenigen Augenblicken! Vielleicht ist es dieses Bild, das der Unfassbarkeit einer fabrikmäßigen Vernichtung von Menschenleben den treffendsten aller Namen gibt.

Nun „endlich" hatte man auch die „Schillings-Mädscher" abgeholt. Zwei hilflose Alte, um Großdeutschland vor – ja, vor welcher Art von Bedrohung denn eigentlich zu retten? Sie waren politisch nie aktiv gewesen.

Sie galten als arglos und „betulich". Auf gutgläubige, anrührende Weise gar etwas weltfremd. Wie viele alte Leute damals, wenn sie erst einmal Siebzig waren.

Sie waren einfach nur auf leisen Sohlen in der Welt, verkauften vierzig Jahre lang die Meterware feiner Stoffe, zarte Futterseide und Nähgarn, Schulterpolster, Reißverschlüsse und Kleiderknöpfe aller Größen in ihrem kleinen, hutzeligen Lädchen mit den tiefhängenden Deckenbalken, und lebten ansonsten unauffällig vor sich hin. Doch jetzt hatte man ihn sich gegriffen, den „schäbigen Rest Bacharacher Judenbrut" (selbst gehört). Zusammengescharrt wie Schmutzreste, die beim großen Frühjahrsputz schon einmal in den Zimmerecken liegen bleiben. Zu später Stunde, als in Bacharach kein Mensch mehr auf der Straße lief, feige in der Finsternis der Nacht.

War ihnen eigentlich bewusst, den „Schillings-Mädscher", dass sie die letzten Stunden in der Heimat im alten Judenviertel Bacharachs verbrachten? Auf gar blutgetränkter Scholle eines historischen Pogroms? Dort, wo im Mittelalter alle ihre Glaubensbrüder ermordet worden waren.

Erschossen, verbrannt, erdolcht. Ohne Rücksicht auf Alter und Geschlecht. Und dass dieses Schauerspiel zahllose Pogrome auf den Plan gerufen hatte, die gleich einem Flächenbrand durch alle deutschen Lande rasten?

Haben sie davon gewusst, die „Judde-Mädscher"? Gewiss doch. Und sie haben mit diesem Wissen leben müssen, hilflos, wehrlos, die Lüge hinter dem historischen Geschehen nach außen stumm ertragend, siebzig Jahre lang, um den Volksgeist nicht zu reizen. Aber auch im festen Glauben daran, dass sich in zivilisierten Zeiten eine solche Mordorgie nicht wieder ereignen würde.

Was fühlt da ein Glaubensbruder, wenn sich der Schrecken des Gewesenen in seinem schauderhaften Kern noch einmal wiederholt? Mit ihm selbst als Hauptdarsteller? Wer weiß das schon. Alles ist so lange her und fast niemand lebt mehr, der erzählen kann, wie die Dinge in jenen schlimmen Tagen im Detail gelaufen sind.

Hier und da hat gerade einmal das Bruchstück einer flüchtigen Bemerkung überlebt wie dieses: „Das hätte se nit tun dürfe“ – soll jemand vor sich hin genuschelt haben, als die zwei verstörten Damen am Morgen nach der Nacht der Nächte, den Ortsgendarmen mit versteinertem Gesicht zur Rechten, aus der Tür des Genossenschaftshauses traten und ihre kleinen, alterskrummen Füße auf die buckligen Basaltsteine der Platanengasse setzten. Und hinterher geschickt: „Die arme Judde-Mädscher habbe doch niemand ebbes angetan“.

Sicher ist: Niemand von den Nachbarn, Freunden und Bekannten, die mit den alten Damen siebzig Jahre lang in freundschaftlicher Eintracht gelebt hatten, keine von Kindheit an vertraute Menschenseele hat mit ihnen ihre letzte Nacht geteilt. Nicht die abgründige Stille zwischen nackten Wänden, in die hinein immer wieder urplötzlich der Klang der Turmuhr von St. Peter fuhr. Mit dumpfem Schlag eine nach der anderen die letzten Stunden kreuzigend, die den Jüdinnen in Bacharach verblieben waren.

Auch nicht jenen Augenblick unumstößlicher Gewissheit, als sich am Morgen der vierschrötige Eisenschlüssel im sperrigen Schlosskasten drehte. Als mit ihm das Signal für den Aufbruch in die Hölle durch die angsterfüllte Stille hallte, und sein krachendes Geräusch in den Herzen der Verdammten die letzte Hoffnung auf irgendeine Form von Rettung löschte.

Darum noch einmal die Frage: Was muss den Frauen in der ewig langen Nacht an Gedanken durch den Kopf mäandert sein? Eine Flucht in die Verklärung vielleicht? Um dem absurden Ende mit der Macht der Dankbarkeit die Stirn zu bieten, dass man auch als „Judde-Mädsche" einmal genauso froh und unbeschwert gelebt hat wie der Rest der Stadt.

Mit wärmenden Erinnerungen an behütete Kinder- und Jugendjahre im Schutz der heilen Welt einer kleinstädtischen Gemeinde? Wo jeder jeden kannte. Wo man das Pausenbrot auf dem Schulhof miteinander tauschte: „Du bist meine Freundin. Gib mir Deine Wurstsemmel, ich schenk Dir meinen Zuckerweck."

Wo in den Jahren später, als man das Geschäft der Eltern übernommen hatte, jeder in der Stadt „bei den Judde-Mädscher" gerne ein gutes Stück Stoff erstand. Für die neue Seidenbluse pünktlich zur beliebten Frühjahrskirmes, für den warmen Wintermantel, das elegante Herbstkostüm. Um das geschätzte Kleidungsstück dann, wie in jenen Zeiten üblich, noch jahrzehntelang zu tragen.

Und wo manch eine Kundin noch im schicken Wintermantel „von den Schillings-Mädscher" durch die Stadt spazieren wird, wenn die gefälligen Verkäuferinnen der begehrten Meterware längst durch den Rauchschlot eines Krematoriums rückstandslos verpufft sind?

Oder ist es die unfassbare Episode aus dem Leben des „Jud Baum" (Volksmund), die sich ihnen in die Erinnerung gebrannt hat. Und die jetzt, in Erwartung des Vernichtungstodes wieder im Gedächtnis hochschlägt. Mit jenem Bild nackten Entsetzens in den Augen des geschätzten Metzgermeisters, den man wie ein Mastschwein auf dem Weg zum Schlachthaus durch die Stadt getrieben hatte. Ein Pappschild um den Hals gehängt, auf dem geschrieben stand: „Ich bin ein Sau-Jud und hab' heut wieder geschäscht." Aber der Mann war Soldat im Ersten Weltkrieg gewesen! Er hatte mutig für sein deutsches Vaterland gekämpft und war dafür hochdekoriert worden. Mit dem Tapferkeitsorden!

Ist es dieser Moment grausamen Erwachens, der selbst den letzten Hoffnungsgläubigen unter den ins Visier des Rassenwahns Geratenen damals die Augen aufgerissen hatte: Ab jetzt ist alles möglich. Das Mittelalter hat uns wieder?

Vielleicht aber auch hat man sich in verrückter Angst vor dem Ende den Gastod in seinen Schrecken ausgemalt:

„Wird es arg wehtun, Rosa? Werden wir uns die Haare büschelweis vom Kopf reißen im Todeskampf beim elenden Ersticken? Oder kommt das Ende schnell, wir schlafen gnädig ein und der Ewige holt uns sanft im Dämmerschlaf der Ohnmacht?"

Oder sind die Eingesperrten aufgelöst durch den Veranstaltungsraum des Genossenschaftsgebäudes gestolpert? Mit leer geweintem Kopf ziellos von einer Wand zur anderen oder immer im Kreis um den ehrenwerten Vorstandssitzungstisch herum. Um endlich spät in der Nacht bis ins Mark erschöpft in einer Ecke auf den Steinboden zu sinken.

In den frühen Morgenstunden schließlich sind sie, umwölkt von einem Nebel schwarzer Angst, am Bahnhof angekommen. Unserer verträumten, kleinen Haltestelle freudiger Erwartung, die jedes Jahr aufs Neue im Sommer zahllose glückselige Touristengesichter aus „der Eisenbahn" hat klettern sehen.

Urlaubsreisende aus allen deutschen Landen, die gekommen waren, um in den Weinlokalen unserer kleinen Stadt ihr Herz in den weltberühmten Wonnen rheinischer Fröhlichkeit zu baden. Wo die Menschenmassen aus den langen Sonderzügen von der örtlichen Musikkapelle empfangen und mit Pauken- und Trompetenklang zu ihren Wohnquartieren hingeleitet wurden. Wo die unumschränkte Heiterkeit des Seins einmal für alle Bacharacher einschließlich ihrer jüdischen Gemeinde einen unbeschwerten Taktstock schwang.

Wie erlebt der Mensch an solchem Ort heller Urlaubsfreude das Warten auf eine unbekannte, völlig andere Art von Sonderzug? Auf einen, der ihn vielleicht nonstop in die Hölle der Vergasung führen wird? Ohne den geringsten Beistand irgendeiner Menschenseele! Außer den Opfern weiß das niemand. Und wahrscheinlich hat es außer ihnen niemand wissen wollen.

Nicht einmal eine Handvoll schaulustiger Kreaturen hatte das Unglück der „Judde-Mädscher" angelockt, die sich am Jammerlos der Verzweifelten ihr niederes Charaktermütchen hätten kühlen können. Wer so bescheiden lebt und stirbt wie die „Judde-Mädscher" ruft keine rachsüchtigen Neider auf den Plan.

Im Gegenteil, der Jüdinnen letzter Tag in Bacharach war für den Rest der Bürgerschaft ein Tag wie jeder andere. Die Sonne war wie immer im Osten aufgegangen und hatte den Rhein mit einem Flimmerschein an Silberwellen überrollt. Aus den Schrebergärten vis-à-vis der Insel krähten die Hähne in die frühe Stunde, und durch die Tür der Bäckerläden wehte der Wohlgeruch von frischem Brot über die Ortsdurchfahrt.

Selbst das Wetter ließ nichts zu wünschen übrig. Ein strahlender Sommermorgen hatte seine Arme ausgebreitet, als die Zwillingsdamen die Stätte ihres Abtransports betraten. Im Blumenbeet auf Bahnsteig eins summte eine Handvoll Bienen in den voll erblühten Rosen, aus dem nahen Schlossberg schallte eine Symphonie von Vogelstimmen übers Tal, und vom Rhein herauf tuckerte das watteweiche Moll der Schiffsmotoren. Die Melodie der Heimat, deren sanftes Wummern die Zwillinge 70 Jahre lang so wohlig in den Schlaf getuckert hat.

Aus einem Fenster der Wohnbaracken hinter Bahnsteig zwei wehte gar der zarte Klang verträumter Radiomusik. Willi Schneider begrüßte den neuen Tag mit der beliebten Weise „Schütt die Sorgen in ein Gläschen Wein ..." Da kam unverhofft der Wildhüter vorbeigelaufen. Nach einer langen Nacht auf dem Hochsitz im Bacharacher Wald und in der Hand das Jagdgewehr. Hanna ergriff die Chance des letzten Augenblicks, wankte auf den Waidmann zu und schrie: „Ich fleh Dich an bei Deinem Jesus Christus, schieß mir in den Kopf mit Deiner Donnerbüchs! Ich will nicht ersticken wie ein Tier im Gas ..."

Aber da ratterte auch schon mit ungeheuer schrillem Pfiff der Deportationszug ein auf Bahnsteig eins. Eine alte Rappelkiste ausgedienter Viehwagons ohne Sitzbänke, Gepäcknetz und Toiletten. Mit Menschenleibern vollgestopft bis in die letzten Winkel.

Eine Welle bestialischen Gestanks aus der Tiefe eines Wagens prallte in die reine Luft des Morgens, als eine gewaltige Eisentür mit rasselndem Getöse schwer zur Seite rollte. Dahinter ein Pulk Verzweifelter, der schrie: „Endlich Luft!" und „Wasser! Wasser!"

Menschen, die aus einem grauen Knäuel in sich verkeilter Leiber in die Tageshelle starrten, waren das, mit einem Schrecken in den Augen, der in einem Ozean an Leid ertrank. Ihnen zu Füßen, zwischen Rocksäumen, Männerhosen und nackten Kinderbeinchen, krümmten sich zu Boden gesackte Körper. Ein Teil davon längst tot. Der andere im Koma dämmernd auf dem Weg dorthin.

Hier nun wurden sie hineingestopft, die klapperigen alten „Judde-Mädscher". Irgendwie von hinten die hohen Eisenstufen hinaufgestemmt, weil sie zum Treppensteigen nicht mehr in der Lage waren mit ihren schlotternden Gelenken. Und dann brutal hineingedrückt in den Pestgestank aus Todesangst und Exkrementen. Beide verstarben angeblich wenige Wochen nach ihrer Einlieferung in Theresienstadt. Die Todesursache bleibt bis heute für Außenstehende ungeklärt.

Die Unglücklichen hinterließen kaum Erinnerung in meiner Heimatstadt. Ihre kleine, zarte Spur verwehte schnell. Der Krieg ging vorüber, und die neue Zeit rief nach bewegtem Aufbruch in ein neues Leben. Da blieb kein Raum für mitfühlendes Gedenken. Oder reumütige Besinnung. Auch nicht für Trauer.

Wer waren sie denn schon gewesen, die mausestillen, scheuen „Judde-Mädscher", ohne jeden familiären Anhang? Kleine, alte Nichtpersonen. Zwei Schluck Wasser. Auch kein Grabstein auf unserem Friedhof, der selbst dem schlimmsten Tunichtgut ein Plätzchen für die Ewigkeit geboten hat, hält das Gedenken an die „Schillings-Mädscher" wach.

Schon gar nicht das an ihre letzten Lebensaugenblicke. Von so vielen weiß man gar nicht, wo, wann und wie genau sie umgekommen sind – Tod durch Gas, durch die Kugel, durch die bloßen Lebensumstände im KZ oder bereits durch die Umstände der Deportation. Frage deshalb: hat man sie verhungern lassen, die „arme Judde-Mädscher“, oder tot geschlagen. Oder waren sie unter den 88.000 Opfern, die man von Theresienstadt aus in die Vernichtungslager deportiert hat? 84000 Menschen fanden dort den Tod, die meisten im Gas, darunter viele tausend Kinder.

Und wie mag er dann abgelaufen sein, der letzte Lebensaugenblick in der Schreckenskammer, als das Giftgemisch einströmte, hinterhältig zischelnd mit des Teufels Stimme? Haben die Opfer eine Ewigkeit die Qualen bodenloser Todesangst erleiden müssen? Oder kam das Ende schnell und schmerzlos? Oder hat es gar einem Schergen des Vernichtungsapparats die abartige Genugtuung bereitet, mit nur einem Handgriff viele, lange, jämmerliche Todeskämpfe zu erzeugen. Mörder töten nicht human ...

Ich bin im Krieg auf die Welt gekommen. Der Holocaust wurde noch geleugnet, von vielen Menschen Jahre später immer noch, oder gar verherrlicht! Wer in diesem Ungeist seinen Weg ins Leben nehmen muss, fühlt sich schuldig und weiß doch, dass er letztlich auch nur Opfer ist. Und er braucht viele Jahre für die Heilung seiner Seele.

Ich habe mich nie einer öffentlichen Demonstration im Gedenken an die Opfer angeschlossen. Ich habe bei keiner Initiative mitgewirkt, die den Massenmord historisch aufarbeitet. Ich habe keinem Hinterbliebenen des Holocaust die Hand gereicht und gesagt: „Es tut mir leid.“ Ich habe nicht einmal das Tagebuch der Anne Frank gelesen. Auch ich war nie der Held, der ich hätte sein können. Wenigstens habe ich das hier aufgeschrieben.

Ein Lotse ging von Bord

und im Himmel schlug ein Fenster auf

Die Weide ist der Baum der Bäume am Ufer von Deutschlands größtem Strom und eine Art inoffizieller Schutzheiliger für alle „Schiffische" (die auf dem Wasser fahren). In ihrem Astwerk schwingt eine Energie, die sich aus einer Quelle tief im Schoß der Erde speist, wo die Kraft der Welt köchelt. Das macht die Weide robust wie Kopfsteinpflaster, erhebt sie zur Lichtgestalt unter den Überlebenskünstlern aller Bäume und segnet sie mit einer Schönheit von geheimnisumwitterter Magie.

Bereits ihr Wille, in die Welt zu kommen, sprengt die Macht der Steine. Ihre Wurzeln zwängen sich durch millimeterschmale Schlitze im Schieferbruch der Uferböschung und wachsen sich in Wind und Wetter zu bulligen Stämmen aus. Diese sind von rissigen Furchen überlaufen, die verwunschene Bilder ferner Landschaften zeichnen, in deren Federstrich der Wind summt. Wer sein Ohr darauf legt, dem erzählt er etwas, der Wind. Jedem etwas anderes, aber in allem klingt immer eine Botschaft, die tief die Seele wärmt.

Mehr noch als der Melodie des Windes zu lauschen, genoss es Heinrich, vis-à-vis der Insel im staubfeinen Schwemmsand ganz nah am Ufer zu sitzen. Zu hören dort, wie das Wasser im Wurzelnest einer alten Weide gurgelte, und tief den Duft der Heimat einzuatmen, der vom Wasser zu ihm herüberblies.

In jungen Jahren war in besagten Baum einmal der Blitz hinein geschossen und hatte mit einem Höllenfeuer in der Krone gewütet. Jedes andere Naturgewächs hätte danach das Zeitliche gesegnet, Heinrichs Weide machte weiter. Dabei hatten die den Leinpfad wartenden Arbeiter des Wasser- und Schifffahrtsamts den Baum bereits in die Liste der altersmorschen Artgenossen aufgenommen, die gefällt werden sollten, bevor der Zorn des ersten Herbststurms die dort wandernden Touristen mit einem Hagelschlag von totem Astwerk in Bedrängnis bringen würde.

Doch kurz vor ihrem offiziellen, wasseramtlich verordneten Ableben schlug die Weide plötzlich aus. Hoch im Oktober! Als andernorts die Blätter fielen. Und innerhalb eines Jahres hatte sie fast schon ihr volles Blätterdach wieder zurück.

Nach wie vor allerdings stachen aus der unerwartet auferstandenen Krone ein paar tote Äste heraus, schwarz und wehrlos, als habe hier eine Zauberhand zur Wunderheilung angesetzt und im Eifer der barmherzigen Aktion ein paar Zweige übersehen. Dies jedoch konnte das Ausmaß der botanischen Sensation kaum schmälern.

Wann immer es die Zeit erlaubte, bezog Heinrich Platz unter seiner „Wunderheilung". Dort ließ er sich, im seidenzarten Schwemmsand kauernd, vom Tuckern der Frachtkähne berieseln, deren Herz draußen auf dem Wasser schlug, und weit flogen seine Träume.

Eines Tages, das wusste er, würde er einen dieser stählernen Kolosse steuern, als Kapitän, hoch oben im taghellen Steuerhaus, mit freiem Blick über den Strom, wo die Luft leichter ist als sonst irgendwo auf der Welt und der Mensch die leidige Grübelei um den Sinn des Daseins fahren lässt.

Die Sehnsucht nach einem Leben auf dem Wasser hatte in Heinrich jene wunderbare Geschichte geschürt, die ihm sein Onkel einst von einer Nachtfahrt auf dem Rhein erzählt hatte. Der Mutter Bruder, ein Lotse aus dem Binger Lotsengässchen, hatte zwar schon zwanzig Jahre lang die Schiffe durch das felszerklüftete Gebirge navigiert. Und er war sich auch gewiss, dass ihm das bewährte Gleichmaß eines überaus geschätzten Arbeitsalltags bis zum Ruhestand gewogen bleiben würde. Doch eines Tages hatte den besonnenen Gemütsmenschen eine neuartige Erfindung völlig aus dem Häuschen gebracht: Das Radarsystem.

Ein „Schifflscher" aus Bacharach, der bereits einen radargesteuerten Schlepper fuhr, hatte den Onkel ein paar mal im Herbst auf eine Fahrt durch das nächtliche Rheintal eingeladen. Dieses Erlebnis, so der Lotse später zu seinem Neffen Heinrich, habe ihn mit der Heimat auf eine unerhörte Weise neu verbunden, die er mit Worten nicht beschreiben könne. Aber er fühlte sich in der Lage, seinem Neffen zu berichten – irgendwann im Winter am bullig warmen Kachelofen – wie sich alles zugetragen hatte. Hier seine Geschichte:

„Sie sind einsame Kerle, die Kapitäne in der schwarzen Stille weit draußen auf dem Strom, doch ihre Einsamkeit hat Qualität. Wer seinen Kahn durch die Dunkelheit steuert", so der Onkel weiter, mit einem Strahlen in den Augen, das Heinrich vorher so noch nie bei ihm gesehen hatte, „wer durch die Nacht dahin gleitet, nimmt mit dem monotonen Wummern seiner Schiffsmotoren den Landstrich in Besitz, den er passiert.

Ein dichtes Netz von Schieferarmen auf dem Boden des Flussbettes fängt das archaische Gebrumm ein und trommelt es ans Ufer weiter. Dort rollt es im kellertiefen Summton die Mauern der Häuser hinauf, kreist durch Wohnstuben, Schlafgemächer und Küchen, schwirrt unter die Dachgiebel, rüttelt an den Schieferplatten und schreckt im Gebälk die Dohlen aus dem Vogelschlaf.

Wer hier im Bett liegt, dem vibriert dieser Nachtgesang im Labyrinth der Eingeweide wie ein heilsamer, scharfer Schnaps nach schwerem Mahl. Er wälzt sich auf die Seite, lichtet den Anker der Seele und entschwebt ins Reich der Träume.

Die Nacht im Gebirge beschwört gar den Zauber ferner Zeiten! Feen und Elfen macht sie lebendig, wenn das Mondlicht silbern auf den Wellen flimmert, und sie flüstert etwas, die Nacht. Was flüstert sie?: Dass Clemens Brentano immer noch umgeht und die Loreley nicht wirklich tot ist – der Kapitän ist mitten drin!

Und irgendwann im frühen Herbst", so der Onkel weiter, „kommt der filigrane Wanderschrei der Kraniche über das Tal.

Er setzt dem Abenteuer einer Nachtfahrt die Krone auf das Haupt.

Die Schwebegeister aus der fernen Tiefe Kasachstans gehören zum Rhein wie die Loreley und der Wein. Erst wer ihr seidenzartes Wimmern im Himmel hoch über dem Wasser vernommen und in die Tiefe seiner Seele hineingelassen hat, weiß, wie der Fluss denkt und fühlt und hat ein Recht auf Heimat dort.

Es hört sich an wie Symphonie gewordenes Sehnen nach allem, was sich der Mensch vom wahren Glück erhofft. Mit seinem Silberschleier weher Töne spinnt es Städte und Gemeinden längs der Ufer ein, schallt zurück aus verschlossenen Kellertüren wie ein Echo vom Ende der Welt, und der Mensch fragt sich, wie das möglich ist, wo die sonderbare Melodie doch eigentlich ein paar hundert Meter höher mit dem Wind über die Wolken zieht."

Soweit der Onkel. Heinrich, wie in Brand gesetzt von der schwärmerischen Erinnerung an ein nautisches Erlebnis von überwältigender Bedeutsamkeit, entschloss sich spontan für eine berufliche Laufbahn als Kapitän, und seine Zukunft auf dem Wasser schien gesichert. Er hatte klug geplant.

In den Jahren darauf wurden die Felsbarrieren im Binger Loch und an der Loreley gesprengt, die Fahrrinne problemlos schiffbar für jedermann, und das alterprobte Navigationsgeschick der Lotsen war nicht mehr gefragt.

So ging denn auch Heinrichs Onkel an einem Donnerstag im Mai das letzte Mal von Bord eines großen Schleppers. Niemand konnte ahnen, wie vernichtend den „Schiffische" der unfreiwillige Abschied von seinem altgedienten Platz am Steuerruder treffen würde. Wie immer hatte ihn des Saueressigs kleiner Holzkahn mit dem kläffenden Motor im fliegenden Wechsel weit draußen in der Fahrrinne an Bord genommen.

„Der Saueressig" war ein alteingesessener Fährmann mit Kapitänspatent. Der betrieb mit seiner motorisierten Nussschale einen Pendelverkehr zwischen dem rechten und dem linken Rheinufer und war ein Mannsbild von wurzeltiefer Lebenserfahrung.

Er hatte vierzig Jahre lang die schaufelradbewährten, breithüftigen Passagierdampfer ohne eine einzige Havarie durch das Gebirge gesteuert, den ersten Weltkrieg überlebt und in den letzten Kriegstagen des Zweiten unter scharfem Beschuss der französischen Besatzung deutschen Soldaten zur Flucht über den Rhein verholfen. Doch selbst unter den verlorenen Seelen jener Jammertage hatte der „Schiffische" keine erbärmlichere Gestalt ausmachen können als jetzt die von dem Lotsenonkel.

Kaum saß dieser denn auch im „Hol-über" auf der gerippten Holzbank, stöhnte er auf: „Die Rheinregulierung ist mein Tod." Dann fiel er in sich zusammen. Als der Kahn am Ufer längs ging, lag der Mann schon fast in Trümmern. Auf allen Vieren nur noch kroch er die Treppenstufen der Bruchsteinböschung hinauf zur kleinen, roten Holzbank unter der alten Trauerweide mit der windzerzausten Krone. Dort sitzend, konnte er gerade noch ausmachen, wie das Heck „seines" Frachtkahns hinter der Insel verschwand und mit ihm alles Leben aus seinem Leben.

Über sein vom Flusswind gebeiztes Gesicht mit den sichelrunden Einkerbungen seitlich der Mundwinkel, die zwei Weltkriege dort geschlagen hatten, lief eine Träne. Nur eine! Die aber glitzerte so böse in der Sonne, dass Heinrich verschreckt nach der Hand des Onkels griff. Doch der brummte nur: „Das hilft jetzt auch nix mehr, Bub." Vier Wochen später war der Onkel wirklich tot. Er war an einem Samstagnachmittag unter der Trauerweide eingenickt und nicht wieder aufgewacht.

Im Jahr darauf starben Heinrichs Eltern. Sie ließen den Vierzehnjährigen als mittellosen Waisen zurück. Ihr Tod nahm des Jungen Lebenstraum von einem Beruf als Kapitän mit ins frühe Grab.

Vom Schmerz der Trauer in die Fänge tiefer Hoffnungslosigkeit verstrickt und als wollte er dem Elend trotzig noch eins drauf setzen, meldete sich Heinrich als ungelernter Arbeiter bei einem Bautrupp für die Renovierung großer Häuserfronten an und ging auf Montage.

Das führte ihn in den hohen Norden, wo zu des Neuankömmlings lähmender Enttäuschung das Land so flach war wie ein Brett, wo kein mächtiger Strom floss, an dem unsterbliche Weiden wachsen, über die im Herbst der Schrei der Kraniche tänzelt, und wo bei Nacht der warme Herzschlag der Schiffe auf dem Rhein die Menschen in den Schlaf tuckert.

Hier verlor sich auch jenes Wohlgefühl aus Kindertagen, das einmal des Onkels Geschichte von einer Nachtfahrt auf dem Rhein in seinem Herzen angezündet und ihn so bedingungslos der Heimat in die Arme geworfen hatte. Heinrich vergaß endgültig seinen Traum vom Leben auf dem Wasser und die kleine Stadt am Rhein.

Im Nebel des Verzichts verklang auch die Symphonie seines Lebens, der filigrane Wanderruf der Kraniche. Ihm hatte er einst weit seine Seele geöffnet, jedes Jahr aufs Neue, wenn mit dem ersten rauen Wind vom Osten her der wehe Singsang dieser Sehnsuchtsvögel das Tal erfüllte bis zum Himmel hinauf und mit dem bewegenden Vermächtnis hinterm Horizont verklang, dass der Mensch geboren wird, um seine Träume wahr zu machen.

Als der Arzt die Diagnose stellte, war der Mann vierzig. „Nur ein Wunder kann hier noch das Übelste verhindern", vermeldete der Doktor mit einer distanzierten Mischung aus Mitgefühl und Selbstschutz in der Stimme und veranschlagte des Patienten verbleibende Lebenszeit auf ein jammerkurzes Jahr.

In Heinrich schlug sich die Nacht Bahn. Gelähmt vor Angst wartete er darauf, dass der Tod ihn holt. Der aber ließ auf sich warten. Ein Jahr war bereits vergangen, da lebte Heinrich immer noch, was auch den Doktor staunen ließ. Und eines Nachts überkam Heinrich gar ein sonderbarer Traum.

In diesem Traum erschien ihm eine Weide. S e i n e Weide! Er hatte sie vollkommen vergessen. Leise flüsterte der Wind im Blättermeer ihrer außerordentlichen Krone, blies die filigranen Wedel hoch, die von ihren Ästen baumelten und plötzlich – Heinrich blieb das Herz fast stehen – sprang im Himmel darüber ein Fenster auf. Ein neonweißer Lichtstrahl fiel herunter in das Ringelspiel und von irgendwoher sprach leise, ganz leise, eine kleine, zarte Stimme: „Ich erzähl Dir was! Ich erzähl Dir die Geschichte von der kleinen Weide, die leben und nicht sterben wollte:

Sie war einst ein gar kurzwüchsiges Gummibäumchen, die Weide, und trug gerade einmal einer Handvoll zarter Blätter an einem herzerbärmlich dünnen Stamm. Sie war in gefahrenvoller Nähe zum Wasser auf die Welt gekommen und wurde jedes Jahr von der tonnenschweren Last des Hochwassers fast zerdrückt.

Doch jedesmal, wenn mit dem sinkenden Nass der Rhein die Uferwege wieder frei gegeben hatte, machte der geschundene Winzling eine bemerkenswerte Entdeckung: Er war erneut ein Stück gewachsen! Bald war er sich gewiss, dass er mehr Biss und Kraft und Leben in sich trug als seine Artgenossen, die auf der Anhöhe der Uferböschung die privilegierte Stellung hielten.

Seine Äste schlugen im März als Erste aus, sein Blütenstaub war der heiß umschwärmteste für alle Bienenvölker rechts und links des Stroms, und wenn im Herbst der kalte Wind vom Wasser blies, waren es seine Blätter, die sich am längsten an den Ästen hielten. Die letzten flogen zur Weihnachtszeit davon.

Nachdem sie dreiunddreißig tödliche Hochwasser überlebt hatte, war aus der kleinen Weide ein Dom von einem Baum geworden. Ihre Krone war die prächtigste, die je eine Weide am Rhein getragen hatte, und ihr Stamm der mächtigste mit den tiefsten Furchen im rauen Antlitz seiner Rinde. In ihnen fing sich der Wind. Er rauschte dort wie das Meer im Gehäuse einer Muschel, und wer sein Ohr darauf legte, dem klang der Gesang des Windes in der Rinde wie das zarte Echo einer fernen Melodie, die tief die Seele wärmt.

Ab und zu kam auch ein Bub vorbei. Der setzte sich auf die bulligen Luftwurzeln am Fuße des Stammes, ließ den blütenzarten, weißen Schwemmsand dort durch seine Finger rieseln und lauschte dem Tuckern der Schiffe, deren Herz draußen auf dem Wasser schlug.

Er sog tief den herben Duft des Windes ein, der vom Fluss herüberblies, und spürte tief im Herzen, dass die Gewissheit d i e s e r Heimat ihn einmal unzerstörbar machen würde für das ganze Leben."

Als die Weide das gesprochen hatte, begann ihre Krone feierlich zu zittern. Wie Staatsmänner am Ende großer Reden, denen nichts mehr hinzuzufügen ist. Dann fiel aus ihrem Blätterdach ein leuchtender Schwarm sonnenhellen Blütenstaubs hinunter auf den Träumenden, rieselte tief in die Poren seiner Haut und von dort in die letzten Winkel einer jeder seiner Körperzellen. Umgehend war Heinrichs Herz voller Licht. Er fühlte sich verbunden mit allem was lebt.

Acht Jahre später lebte Heinrich immer noch. Die Krankheit war zwar nicht gänzlich aus seinem Körper gewichen, aber sie hatte ihn auch nicht umgebracht. Und aus einer Quelle tief im Schoß der Erde, wo die Kraft der Welt köchelt, schöpfte er die Gewissheit, dass er noch lange, lange bleiben würde.

Er kam als Gast

es ist nicht gut, dass der Mensch allein sei

„Fremde“ nannte man in meiner Kindheit die Touristen. Was nicht gerade klang wie: „Seid willkommen, Völker der Welt!“ Man begegnete ihnen denn auch mit einem Gefühlsgemisch aus weltoffener Neugierde und provinziellem Argwohn, jener heimatintensiven Grundstimmung der fünfziger Jahre, die, vom Fliegen träumend, verbissen an der Scholle klebte.

Die Malediven, Samoa oder Madagaskar, geschätzte Urlaubsziele unserer weitgereisten Tage heute, lagen für die Bürgerschaft der Nachkriegszeit noch am Ende der Welt, und selbst das schwäbische Stuttgart war eine überwältigend lange Reise weit entfernt vom Mittelrhein. Und wer mit der deutschen Bundesbahn aus Oberammergau anfuhr oder Bremerhaven, dem hing bereits der Windgeruch ferner Kontinente in der Kleidung.

Es gab noch keinen Fernsehapparat, die Winter waren still und einsam und von der Kälte, die die Hunde schüttelt. Und wenn dann endlich im Mai wieder die ersten „Fremden“ über das Kopfsteinpflaster stolperten, sprang in der Stadt das wahre Leben an.

Sie überrollten unsere „Obergass“ mit einem zu allem entschlossenen Unternehmungsgeist und verpassten dem noch etwas wintermüden Städtchen einen erquickenden Stromstoß, der seine Bürgerschaft aus dem Dämmerschlaf ihrer ereignislosen Tage riss. Wenn Ende Oktober ihr draufgängerischer Ansturm über Nacht in sich zusammenfiel, starb mit ihm jedesmal ein Stück Leichtigkeit des Seins. Zum Glück kamen immer wieder Neue.

Man kannte noch eine Steigerung in der öffentlichen Wertschätzung von „der Fremde“, die hieß „der Gast“. Wir hatten noch das vornehme Café auf der Oberstraße, da erzählte Oma gerne, wenn Winter war, die Stadt wie ein Grab schwieg und wieder einmal einen halben Tag lang die kleine Klingeldose über der Ladentür nicht geschrillt hatte, in diese müde Luft der toten Jahreszeit hinein also erzählte Oma gerne die Geschichte von jener denkwürdigen Begegnung, die sie einmal mit einem Gast gehabt hatte.

Der „Herr von ganz weit her" hätte in einem piekfeinen Hochdeutsch so weltmännisch eloquent dahergeplaudert, dass sie kaum gewagt habe, ihm zu antworten, aus Angst, ihr könnte ein Brocken Obersteiner Dialekt entweichen. Erst recht nicht, als der Mann zum Abschied auch noch festlich konstatierte:

„Frau Schnell, Ihr Käsekuchen sucht in ganz Hamburg seinesgleichen." *(Bitte diesen Satz gut merken, liebe Leserschaft. Er wird noch eine wichtige Rolle spielen).*

Wenn Oma mit ihrer Schilderung an dieser Stelle der Begegnung angekommen war, stand ihr jedesmal schlagartig der pastorale Ernst von einem Prediger ins Gesicht geschrieben, der gleich zum gemeinsamen Gebet aufruft.

Der Mann hätte ja auch wie Normalsterbliche befinden können: „Ihr Kuchen schmeckt ausgezeichnet." Reicht doch, oder? Aber ein profanes Stück Backware aus unserer biederen Kuchentheke mit einem geradezu literarisch klingenden Kommentar zu überrollen und zu einer weltbekannten Hafenstadt in Relation zu setzen, so meine Großmutter, zeuge von extrem nobler Wesensart. Für Bacharacher Verhältnisse, Käsekuchen hin, Käsekuchen her.

Von da an jedenfalls wusste ich, dass ein „Gast" ein Mensch ist, durch dessen weit gereiste Gegenwart sich ein Wirt innerlich emporgehoben fühlt. Solch ein „Gast" kam eines Tages in den „Malerwinkel".

Der „Malerwinkel" ist ein pittoresker Flecken aus betagten Fachwerkhäusern. Über seinen Schieferdächern ragen zwei uralte Wehrtürme der mittelalterlichen Stadtbefestigung in den Himmel, im wild verstrüppten Berghang singen die Vögel, und zwischen puppenkleinen Schrebergärten plätschert leis' der Bach.

Ob seiner gesegneten Lage jenseits von Eisenbahn und Bundesstraße genießt der Malerwinkel den Ruf einer idealen Herberge für den Gast mit Anspruch auf erholsame Stille.

Die Häuser im Malerwinkel sind noch von jenem zögerlichen Wuchs, der der hastigen Geschäftigkeit unserer schnellen Zeit misstraut, und erheblich schmalbrüstiger und windschiefer als anderswo. Und beträchtlich älter. An der Nordseite „des Malerwinkels" rauscht der Pkw-Verkehr vom Hunsrück herunter in die Stadt, im Schoß der mausestillen Südseite atmet die verträumte Bilderbuchidylle des späten Mittelalters ihren letzten Seufzer aus. Hier murmelt der Münzbach unter jahrhundertealten Rundbogenbrücken aus ergrautem Bruchstein und flüstert die Anwohner in den Schlaf.

Der Gast, von dem die Rede sein soll, reiste aus Bremerhaven an. Mit der Bahn. Er hieß Hugo Tröger, war Oberamtmann bei der Post im Ruhestand, fünfundsiebzig Jahre alt und verwitwet. Gebucht hatte er „mit Blick auf den Bach" ein „Privatzimmer inklusive fließend Wasser und Toilette auf dem Flur" bei der alten Anna Wildbruck.

Dort war er zwar willkommen, jedoch nicht als jemand, der den wachen Duft der Ferne in die stille Abgeschiedenheit einer kleinen Stadtherberge trägt, sondern schlicht aus pekuniären Gründen. Annas Jammerrente reichte kaum zum Leben. Zudem umgab die alte Dame eine graue Wolke unrettbarer Trauerstimmung.

Ihr Ehemann war vor dreizehn Jahren verstorben, und die Witwe ob der kalten Einsamkeit in der plötzlich stummen Leere ihres alten Fachwerkhauses in eine Depression gefallen.

Die nun hielt sich in ihrem wehen Herzen verschanzt wie der Holzwurm im Dachgebälk der Trockenspeicher und trotzte mit tödlicher Hartnäckigkeit der Heilkunst aller Ärzte in sechzig Kilometern Umkreis.

In einer schlaflosen Nacht schließlich, als der nasse Märzwind aufsässig mit den morschen Fensterläden klapperte, hörte Anna in einer kurzen Rüttelpause plötzlich hinterm Kleiderschrank den trockenen Husten ihres Heinrichs keuchen.

Er keuchte fortan jede Nacht, ihr Heinrich, wodurch der Mann nun, wenn auch unsichtbar, wieder im Hause umging wie zu seinen Lebenszeiten und die Unglückliche nicht mehr ganz so hoffnungslos alleine war.

Eines Tages gar vernahm Anna die geschätzte Nähe von Heinrichs schwerem Traueratem schon an einem frühen Morgen, als gerade in der kleinen Kochküche an der Bachseite des Hauses der Bohnenkaffee durch den Filter plätscherte. Darauf entschloss sie sich, das anhängliche Nachtgespenst nun auch als offiziellen Gesprächspartner in die Angelegenheiten täglicher Routine einzubinden, und so fügte es sich, dass der entleibte Ehemann im Gegensatz zum polternden Charakter seiner gelebten Wirklichkeit fortan als mundzahmer Zuhörer beim Kochen, Fegen und Bettenmachen fungierte, der alle Maulereien seiner Anna stoisch trug und der Guten niemals widersprach.

Bald jedoch verlor die Dame im Labyrinth der einseitigen Zwiegespräche vollends den Blick für das gemeine Leben draußen vor der Haustür. Im Garten vor dem Küchenfenster schoss die wilde Pracht der Wickenblüte bis hinauf in die Spitzen der Bohnenstangen und erstickte die Hülsen mit den zarten Erbsenperlen. Die Silberdistel sprengte die von Annas depressiver Wut steinhart gestampften Trampelpfade, stromerte in üppigen Rosetten durch die Blumenstauden und nahm Stachel- und Himbeerbeete in Besitz.

Angefeuert von einer neuen Freiheit grenzenloser Ausbreitung zogen Wiesengras, Rotklee, Ackerschachtelhalm, Sauerampfer, Farnkraut und der räuberische Wuchs wilden Efeus nach, überwucherten die Heimat von fünf ehrenwerten Gartenzwergen bis in die letzten Winkel der Holzumzäunung und verhexten Heinrichs Hobbygärtnerparadies in eine öde Wüstenei.

Anna zeigte sich vom Niedergang des einstigen Blumen- und Gemüse-Lustgeheges völlig unberührt. Sie dauerte die meiste Zeit des Tages wie festgefroren auf der Bank am Fenster aus und musterte tatenlos den Raubzug der Natur.

Nichts schien ihr erstrebenswerter als der bizarre Dialog mit ihrer toten Ehehälfte und das gallige Vergnügen, während der stummen Pausen der absonderlichen Zwiegespräche in der schwarzen Brühe ihrer Depression zu baden wie die Spatzen im Sandstaub der verhunzten Rosenbeete.

Die Nachbarn von Holzmarkt, Malerwinkel und Blücherstraße gewöhnten sich daran, dass sich Anna vor der Welt verkroch, und überließen sie ihrer hausgemachten Einsamkeit.

Hugos letzte Jahre hatten im Kern denselben quälenden Parcours der Alterseinsamkeit durchlaufen. Auch er hatte vor 15 Jahren seine Ehehälfte verloren. Auch er war unter der Wucht des späten Schicksalsschlags verstummt und unter die Hufe jener Hoffnungslosigkeit geraten, die auch Anna Wildbruck heimgesucht hatte. Wer von seinen Freunden nicht gestorben war, hatte sich von ihm abgewandt.

Doch eines Morgens, er bemühte sich gerade, mit noch traumschwerem Schädel auf der Bettkante sitzend, die Balance zu halten, da blitzte in seiner Erinnerung ein Bild aus fernen Tagen auf. Das zeigte das Jahr 1960. Hugo war an jenem hellen Sonnentag im Mai mit seinem VW-Käfer den Rhein entlang gezuckelt und versehentlich auf den Marktplatz einer kleinen Stadt geraten.

Dort ausgestiegen stand er sprachlos im Herzen einer ihm völlig fremden, sonderbaren kleinen Welt: Eine dicht an dicht aneinander gekuschelte Ansammlung prächtiger Domizile aus betagtem Fachwerk tat sich vor seinem Auge auf. Der blendend weiße Verputz zwischen den altersschwarzen Eichenbalken glitzerte wie Schnee in der Mittagssonne, und aus einem geöffneten Fenster klimperte das Silberlachen eines Kindes in die mittägliche Stille.

Es kugelte über das Kopfsteinpflaster wie Laub, das sich der Wind greift, schwirrte die Häuserwände hinauf, tänzelte über die ziegelroten Köpfe der Geranien in den Blumenkästen auf den Fensterbänken und verklang hoch über dem Marktplatz mit einem zarten Seufzer in der heimeligen Einsamkeit von Giebeln und Balkonen.

Die Luft war streichelzart wie ein Kuss aus Zauberseide, und hoch über der Idylle zeichneten die feinen Schlieren wasserheller Cirruswolken eine geheimnisvolle Botschaft in den Himmel, die das Beste hoffen ließ.

Hugos besonderes Interesse weckte ein uraltes Fachwerkhaus von ungewöhnlicher Gestalt. Das verfügte über gleich zwei gewaltige Spitzdächer. Zur Straße hin thronte ein hoch aufgeschossener, tonnenschwerer Runderker, der sich leicht nach hinten neigte und den Eindruck erweckte, als wolle er gleich rückwärts ins Haus stürzen.

In Fallrichtung unter dem kippenden Runderker ortete Hugo die Eingangstür. Ihr nachtdunkles Holz aus massiver Eiche war mit von Wind und Wetter welk gebeizten Ornamenten überzogen. Die schienen von eines Künstlers Hand in ferner Zeit geschnitzt, da in der kleinen Stadt am Rhein bei Dunkelheit noch der Nachtwächter mit der Petroleumlampe in der Hand um die Häuserecken tapste. Die Tür strahlte eine für profane Hauseingänge ungewöhnliche Autorität aus. Sie beschwor den Mann förmlich, sich ab sofort in dem zögerlichen Tritt von sicherndem Wild zu bewegen, das den Huf auf die Lichtung setzt.

Kaum stand Hugo denn auch in der Gaststube, sah er sich von kosmischer Stille verschluckt. Obgleich vor der Tür mit den altersmüden Schnitzereien die Mittagssonne im Zenit stand, lastete hier die Dämmerung eines Winternachmittags unter schweren Deckenbalken. Diese waren dick wie Baumstämme und hingen in der Mitte des Raumes tief durch. „Wie müde geworden von der Last der Jahrhunderte“, schloss Hugo festlich berührt, und seine Seele füllte sich mit Ehrfurcht.

Dies erst recht, als er der hoch aufgeschossenen Feuerstelle gewahr wurde, eines schilfgrünen Kachelofens, alt wie Methusalem, der neben der Theke mit steifem Hals an die schräge Zimmerwand gelehnt stand. Der alte Herr aus hochgebranntem Steinzeug schien der geheime Chef des Hauses zu sein. Er nahm mit seinem Gendarmenblick die gesamte Gaststube ins Visier und schien zu verkünden: „Solange ich hier die Stellung halte, schlägt im Haus kein Blitz ein."

Hugo bezog Platz auf einer in der Mitte durchgehockten Sitzbank, die seitlich der Theke an der Wand stand. Dort lehnte er aus Gründen ihm unerklärlicher Solidarität mit dem schilfgrünen Methusalem steifen Kreuzes seinen Hinterkopf an die Holzvertäfelung der Zimmerwand. Da schlug plötzlich aus einer unsichtbaren Dämmerstube der schwere Gong einer Standuhr.

Im selben Augenblick ratterte ein Dutzend hämmernder Schritte über die polierten Bodendielen, und eine von Kopf bis Fuß in Schwarz gekleidete Walküre mit gebieterischem Adlerblick und neonweißer Schürze auf dem Spitzbauch füllte den Türrahmen. Die Frau schien mit dem schilfgrünen Ordnungshüter auf eine Weise familiär verbandelt zu sein, die ungezogene Kundschaft mit einem strengen Blick zum Schweigen bringt.

Hugo bestellte aber, weil er nun schon einmal saß, bei der neonweißen Schürze mit blasser Stimme „ein Glas Riesling trocken."

Dann zerrte er, ermutigt von der eigenen Courage, unter dem immer noch brennenden Donnerauge des allmächtigen Weibsbildes den Knoten seiner Krawatte zu einem atemfreundlichen Gehänge auf.

Doch das Donnerauge entpuppte sich überraschend als ein Weibsjuwel mit Herz. Es kredenzte Hugo den Wein mit einem „Wohl bekomm's" von solch tiefgreifender Wärme in der Stimme, dass der Mann spontan aufseufzte wie jemand, der gerade viel geweint hat und nun von einer Botschaft heilender Entwarnung überrollt wird.

Wo sich der Geist im Wein mit einem lieben Wort verbandelt, wächst offenbar Vertrauen grenzenlos. Jedenfalls ließ sich Hugo von der Dame mit der unverhofften Herzensgröße noch vier weitere Glas „Riesling trocken" kredenzen, vier! Was wiederum bewirkte, dass mit jedem weiteren, servierten halben

Schoppen jener Sirenengesang des „Wohl bekomm's" mehr und mehr zum festlichen Getön einer Kirchenorgel anschwoll, die gleich zum Ave Maria ansetzt. Woraufhin Hugo mit endlich fliegendem Herzen entschied, noch ein letztes, vom Zauber ungebremster Kühnheit auserwähltes Glas Wein hinterher zu ordern, das Fünfte.

Sodann lehnte er sich, abgetaucht in die wonnevollen Tiefen aller Arglosigkeit dieser Welt, mit ausgestreckten Beinen und wippenden Fußspitzen auf der Bank zurück, prostete den funkelnden Butzenscheiben in den kleinen Straßenfenstern zu und schickte dem Methusalem ein geschieltes Augenzwinkern.

Und während ihm so der Weingeist durchs Gehirn streifte, überkam ihn die weihevolle Ahnung, das Paradies müsse ein Weinlokal mit schilfgrünem Kachelofen sein, der Donner und Blitz verscheucht und orgelstimmige Frauen mit dem Blick der Heiligen Maria adelt.

Aber dann drängte es Hugo plötzlich aus Gründen, die er sich nicht erklären konnte, mit Macht hinaus ins Freie. Mit hoch gerecktem Kinn und eiernden Kniegelenken trieb es ihn so entschlossen wie beduselt durch die schicksalsschwere Holztür mit den welken Schnitzereien hinaus auf den Markt.

Von dort führte die Straße hinunter an den Rhein. Seine glühende Nasenspitze schnupperte den Wind, der vom Wasser blies, und lockte ihn auf die Promenade, die am Ufer entlang führte. Hier ließ er sich mit schwerem Hintern auf eine Parkbank fallen, die unter einer Trauerweide stand. Am anderen Ende der Sitzgelegenheit saß eine Frau.

Die war ungefähr dreißig Jahre alt, hatte halblanges Haar mit schwarzen Locken und die klassischen Gesichtszüge einer semitischen Schönheit. An ihrem Hals hing schwer ein dicker Kropf herunter.

(Bitte diesen letzten Satz gut merken, lieber Leser, auch er wird noch eine Rolle spielen).

„Im Mittelalter wäre sie daran erstickt", schloss Hugo düster, mit plötzlich einem prallen Kloß im Hals, und seine Augen füllten sich mit Tränen. Er war jetzt vollends dort angekommen, wo der vom Weingeist aufgelöste Zecher gerne ein Lied vom Sterben anstimmt oder den Feind umarmt. Und so beschloss er, die vom Schicksal hintergangene Schöne ein wenig aufzumuntern. „Ein gutes Wort“, schloss er salopp, „hat noch keinen umgebracht.“

Dazu bediente er sich der Strategie einer Kontaktaufnahme, die aus einer Epoche seines Lebens stammte, da er noch unschlagbar gewesen war: Er warf zunächst einen langen Blick über den Rhein, einen verbissen harmlosen, versteht sich. Diesen ließ er dann, auf dem anderen Flussufer angekommen, wie unabsichtlich übers aufgeraute Wasser wieder zurück ans Land zu besagter Trauerweide rollen.

Dort schickte er ihn, beflügelt von der Kühnheit der Promillewirkung, an den schlanken Fesseln der Frau mit Kropf hinauf bis zu deren praller Oberweite. Hier hing er fest, der Blick, und Hugo vergaß für ein paar aufwühlende Momente, dass er eigentlich in barmherziger Mission unterwegs war. Und dann, ja dann – floppppp! – fuhr ihm ein Rülpser aus der Kehle, jagte ihn von der Bank hoch und vertrieb ihn mit hohlem Kreuz und schleuderndem Schritt aus dem Blickfeld einer unglücklichen Schönheit.

„Auch gut so“, knurrte er, dieweil sich in seinem Hals ein zweiter Rülpser Bahn brach. Zu Hause wartete seine Ria. Die war zwar weiß Gott nicht mit die Mannswelt betörenden Gaben der Natur gesegnet wie die Dame auf der Parkbank, dafür aber ein herzensgutes Weibsbild von untötbarer Treue. Hugo hatte sich vor vielen Jahren in Rias hausbackene Anhänglichkeit verliebt und in ihre unschlagbare Bratensoße jeden Sonntag um Punkt zwölf. Dabei sollte es bleiben.

Hugo fuhr nach Hause und vergaß die kleine Stadt nebst ihrem Donnerauge mit der sanften Orgelstimme und den Kropf am Hals einer Schönheit. Bis zu besagtem Morgen auf der Bettkante.

Kaum war er vollends wach, entschloss er sich, die kleine Stadt am Rhein noch einmal zu besuchen.

1980

Hugo kommt mit dem letzten Zug an. Er hofft, dass der schilfgrüne Kachelofen immer noch an seinem stolzen Platz im altehrwürdigen Fachwerkhaus die Stellung hält, und ab und zu auf einen guten Rausch. Er rechnet allerdings nicht mehr damit, dass ihm noch einmal das Donnerauge mit der Orgelstimme den Wein kredenzen würde, befand sich die Dame doch bei Hugos erster Visite bereits auf ihrem strammen Weg durch die zweite Lebenshälfte.

Die unglückliche Schönheit mit dem Kropf hat er vollends vergessen. Aber versteckt in einem geheimen Winkel seiner Seele keimt die Hoffnung, dass ihn der helle Flügelschlag eines Wunders streifen möge, das ihn aus der Schlangengrube seiner Schwermut zieht.

Über das abgewetzte Kopfsteinpflaster der nachtdunklen Ortsdurchfahrt fällt bronzefarbenes Licht aus gläsernen Laternenköpfen. Es leuchtet wie der Glanz milder Abendsonne auf dem Rhein und füllt des Gastes Herz mit einem Hauch von Wärme.

Die Fassaden der Fachwerkhäuser, schon tief im Schlaf versunken, stehen starr und stumm, doch im hellen Verputz zwischen ihren Stütz- und Trägerbalken blitzt eine Überlebensbotschaft auf. Die scheint zu flüstern: „Wir sind immer noch da, ungeheuer!“ Ein Gefühl wärmender Geborgenheit streichelt Hugos wehe Seele und er ahnt, er bekommt eine gute Zeit.

Doch die Zimmerwirtin aus der kleinen Privatpension im Malerwinkel entpuppt sich als sprachlose Eigenbrötlerin, was ihren Gast umgehend in eine tiefe Krise stürzt. Dass ihn eine alleinstehende Dame in ihrem Haus als Gast willkommen heißen würde, hatte in ihm Hoffnung auf die lang entbehrte menschliche Nähe geschürt, auf duftenden Kaffee am Morgen, gereicht mit einem lieben Wort.

Aber Anna stellt ihm mit versteinertem Kinn das Frühstückstablett auf den Tisch, rummmms, dass die alte Kammertür im Schloss zittert, und trollt sich mit vergrämtem Gesichtsausdruck zurück in die Küche.

Gerade einmal auf den Parkbänken entlang der Uferpromenade nahe der Köln-Düsseldorfer-Schiffsanlegestelle, wo sich am Nachmittag die Rentner der Stadt wie die Spatzen auf der Wäscheleine sammeln, ergibt sich für Hugo das eine oder andere Gespräch. Oder abends in den Straußwirtschaften.

Dort trollt er sich mit demonstrativ unbeteiligtem Gesichtsausdruck – man will ja nicht zeigen, wie sehr Verlassenheit quält – zu einem Sitzplatz nahe der Stammtische, um sich an der geselligen Geräuschkulisse der lokalen Platzhirsche zu wärmen.

Die meiste Zeit seines Aufenthalts über aber liegt Hugo auf dem Bett in der herzlosen Behaglichkeit von Annas schmucklosem Pensionszimmer. Von dort aus fixiert er mit leerem Blick die Spanngardinchen an den alten Sprossenfenstern, die wie Nebelschwaden auf dem Rhein den Blick nach draußen trüben.

„Zu Hause einsam zu sein ist nur die halbe Not", resümiert er mit brennendem Kopf. „Erst das Alleinsein in der Fremde rundet die Not zur wahren Katastrophe. Zu wissen, dass in der Heimat niemand wartet, der den Klang deiner Stimme vermisst, zu spüren, wie die Fremde den Menschen in dir nur durch das Glasauge kommerzieller Gastfreundschaft taxiert, das zu erleben wirft dich aus dem Lot.

Plötzlich stehst du nackt bis auf die Seele im nassen Wind der Einsamkeit alleine auf den Bühnenbrettern deines Lebens, den Text aus dem Kopf, das Publikum stumm, dass es dröhnt, und du ziehst voll Grausen ein Bein hoch, damit es nicht noch tiefer runtergeht."

In dieser öden Stimmungslage verdämmert Hugo vierzehn Tage seelischer Auszehrung zwischen Rheinufer, Straußwirtschaften und dem gespenstigen Nest von Anna Wildbruck, dann greift der Liebe Gott ein. Morgens um halb Neun.

Die Zimmerwirtin hat gerade wieder mit dem Gesicht einer Schweigenonne das Frühstückstablett auf dem kleinen Wackeltisch in Hugos Schreckenskammer abgestellt, sich auf der Stelle umgedreht und mit ihren stummen Filzpantoffeln das Weite gesucht, da verkrallt sich eine Klaue schwarzer Angst in das Herz des verschmähten Gastes.

Hugo bricht in Tränen aus und wirft sich mit dem Rücken auf sein Bett. Kaum liegt er dort, bäumt er sich im Hohlkreuz auf, als sei ihm ein Stromstoß ins Gesäß gefahren. Dann ballt er die Fäuste über den Augäpfeln und weint auf so laut er kann. Heult wie ein Wolf in abgründiger Verzweiflung allen Schmerz aus seiner Seele, der sich darin unrettbar verschanzt gehalten hatte, fünfzehn tote Jahre lang. Da geht die Tür wieder auf.

Anna steht im Rahmen, weißhaarig, dick, düster, hässlich und mit ihrem walnussbraunen Wollschal um den Hals, den sie offenbar immer trägt. „Raus!", brüllt Hugo und fährt vom Bett hoch, „Du hast mir gerade noch gefehlt."

Doch Anna bleibt. Sie schlurft zum Fenster und schließt behutsam die beiden Flügel mit dem ignoranten Blick der Spanngardinchen, dreht sich um, kommt mit plötzlich festem Schritt auf Hugo zu und setzt sich neben ihn auf die Bettkante.

Dann legt sie ihre rechte Hand auf die des aufgelösten Nervenbündels mit den rot geweinten Hasenaugen und flüstert: „Isch hab auch Angst, seit mein Heinrisch tot ist." Sie nimmt Hugos heißen Kopf in beide Hände, zieht ihn an ihr Herz, lässt ihre Stirn auf seine weißen Haare sinken und fängt leise an zu weinen. Schließlich weinen beide. Es sind gute warme Tränen.

Hugo und Anna reden den ganzen Tag miteinander. Hugo spricht so viel wie in den letzten fünfzehn Jahren nicht. Anna spricht so viel wie in den letzten dreizehn Jahren nicht. Hugo erzählt Anna vom quälend langen Krebstod seiner Frau. Anna erzählt Hugo, wie sich ihr Heinrich aus der Welt gesoffen hat.

„Wenn ein Mann neben Dir trinkt, zwanzig Jahre lang", sagt Anna, „wirst Du alt und hässlich", und ihr Gesicht beschlägt mit roten Flecken. Fahrig nestelt sie den dicken Schal von ihrem Hals. Da sieht Hugo die lange, breite Narbe. „Hattest Du mal einen Kropf?" „Ja", sagt Anna, „und dichte schwarze Locken ..." *(erinnern Sie sich, lieber Leser?)*

Die Vermählungsanzeige von Anna Wildbruck und Hugo Tröger in der örtlichen Presse fällt auf durch eine ungewohnte

Fußnote. Die lautet: „Er kam als Gast.“ Nicht öffentlich blieb dessen Wort zum Sonntag: „Anna, Dein Käsekuchen sucht in ganz Bremerhaven seinesgleichen …“ *(erinnern Sie sich, lieber Leser?)*

Das tapfere „Püppchen“

und der Schmerz der Alterseinsamkeit

Die Geschichte von „dem Püppchen“ ist die Geschichte einer kleinen, zarten Flamme, die nie richtig brannte. Sie erlosch nach achteinhalb Jahrzehnten selbstloser Hingabe an das Leben zweier dominanter Ehemänner im Schmerz der Alterseinsamkeit, beinahe unberührt vom Leben. Was die Geschichte des Püppchens in meinen Augen tragisch macht, ist ihre bestürzende Alltäglichkeit.

„Das Püppchen“ wurde Frau Koschinsky von ihrem Ehemann genannt. Der Name machte Sinn: Frau Koschinsky hatte ein handlich-properes Figürchen, wie das von einem Püppchen eben, das man in der Sofaecke auf ein feines Paradekissen setzt, damit es von dort her still und adrett leuchtet. Herr Koschinsky hingegen kam als respektheischende Autorität von massiger Gestalt daher geschritten, vor deren ins Auge stechendem Spitzbauch wir Kinder verschüchtert vom Gehweg auf die Straße hüpften.

Dem Koschinsky hing immer eine dicke Zigarre im rechten Mundwinkel. Zu diesem Symbol potenter Männlichkeit aus Pfälzer Tabak hätte als Beruf möglicherweise treffender Geschäftsführer in einer Großschlachterei gepasst. Aber des Püppchens „bessere Hälfte“ war Fotograf. Ein Künstler, der überraschend einfühlsame Fotos schoss von bekannten und unbekannten Gesichtern aus der Bürgerschaft. Privat jedoch war er eher die unsensible Zigarre.

So zum Beispiel in den dreißiger Jahren in der Weinstube Schamber. Jeden Donnerstagabend besuchte der Koschinsky dort für zwei aufgeräumte Plauderstunden den Honoratiorenstammtisch und trank zwei „halbe Schoppe Wein“, nicht mehr und nicht weniger.

Dazu brachte er sein Püppchen mit. Ein Fauxpas! Weder der Doktor noch der Apotheker oder der Bürgermeister der kleinen Stadt am Rhein hätten in jener Zeit streng konservativ geprägter Sitten die Stirn gehabt, zum Smalltalk der städtischen Leitwölfe ihr eigenes Püppchen mitzubringen. Doch da die Zigarre keinen Schritt vor ihren Fotografierladen in der Bacharacher Oberstraße ohne das Püppchen an der korpulenten Seite tat und jeder ohnehin einmal ein Passbild brauchte, wurde der Stilbruch kommentarlos akzeptiert.

Das Püppchen wusste die unerhörte Ausnahme von der Regel zu würdigen und machte sich gewissermaßen unsichtbar. Es beteiligte sich grundsätzlich nicht am Gespräch der kleinstädtischen Allmächtigen. Und wenn es doch einmal mit der Dame des Hauses zu tuscheln wagte, einer hoch gewachsenen Germania mit silbernem Haar, tat es das im Tonfall von Zeitungspapier, das verstohlen raschelt, legte fromm den Kopf zur Seite und den Zeigefinger auf die Lippen.

Zu trinken bekam das Püppchen von seiner Zigarre nichts. Nicht einmal einen Apfelsaft. Das war der Stil der Zeit. Gelegentlich aber stellte ihm die Dame des Hauses aus Solidarität mit dem vernachlässigten Geschlecht kommentarlos ein Glas Wein auf den Tisch. Dann riss das Püppchen verschreckt die kornblumenblauen Augen auf und lehnte mit erhobenen Händen ab, um schließlich doch noch voller Hingabe, man war ja keine Klosterfrau, den edlen Tropfen zu genießen.

Und jedes Mal, wenn das artige Püppchen nach einem artigen Schlückchen das Weinglas wieder artig auf das tannengrüne Leinentischtuch mit der weißen Kreuzstichborte zurückgestellt hatte, blickte es feierlich, als habe es soeben Weihwasser verkostet und würde gleich heilig. Das verlieh ihm eine rätselhafte Würde, deren staatstragende Aura aber von solch einnehmender Strahlkraft war, dass diese dem Püppchen wahrscheinlich auch ohne den Begleitschutz der Zigarre einen Platz am Stammtisch gesichert hätte.

Die ganze Gemeinde nahm an der sehr speziellen Namensgebung im Leben eines Ehemannes Anteil: Wenn Frau

Koschinsky im Metzgerladen nach dem obligatorischen Warten in der Schlange an der Reihe war, fragte der Chef hinter der Theke:

„Was bekommt das Püppchen?“, und jeder wusste, wer gemeint war.

So gingen die Jahre einer geordneten Ehe ins Land, in der der Mann das Sagen hatte und die Frau das Glück, ihn zu haben. Dann aber zog die Zigarre in den Krieg. Das zerschlug des Püppchens heile Welt. Die militärischen Auseinandersetzungen dauerten erheblich länger als erwartet, und der so sicher gewähnte, schnelle Sieg schien in weiter Ferne. Der Krieg brachte Hunger und Verzweiflung über die Bürgerschaft, verbannte bis auf Kleinkinder und wehruntaugliche Greise die Männerwelt zwischen Stadtmauer und Rheinufer auf die in alle Himmelsrichtungen verteilten Schlachtfelder sinnlosen Gemetzels und erstickte die weltberühmte, klimpernde Fröhlichkeit der kleinen Stadt am Rhein unter einem grauen Schleier kollektiver Angst vor dem nächsten Tag.

Bald stellte auch der Stammtisch in der Weinstube Schamber seine auserwählten Plauderstunden ein, weil der Pastor als einziger unter den Honoratioren nicht zur Front befohlen worden war und der Mensch den Wein nun mal nicht gern alleine trinkt. Nacht für Nacht kündigte das zermürbende Gejaule der Warnsirenen an, dass wieder die Hölle im Begriff war, den Himmel in Besitz zu nehmen, und dann raste der dröhnende Motorenlärm feindlicher Tiefflieger über die Schieferdächer, trieb die Dohlen im Gebälk der Trockenspeicher in den Wahnsinn und die Menschen in Panik in die rettenden Gewölbe der alten Wein- und Kohlenkeller.

Und irgendwann, der Krieg war schon fast zu Ende, fiel doch noch eine Bombe ins feine Hotel Rose. Sie zerlegte den geschätzten Tempel rheinischer Gastlichkeit in der Marktstraße in backsteingrosse Trümmer und verbrannte die Besitzerinnen, zwei Nachbarinnen der Koschinskys, zum Entsetzen der Gemeinde auf der Flucht vor den Flammen neben der rettenden Kellertür.

Es gab nicht den geringsten Anlass mehr zur Lebensfreude, und jede Woche eine Nachricht von der Front, die aus der Hölle kam. Die schlug in der Stadt ein wie die Bombe aller Bomben und vermeldete die Schreckensbotschaft: „Gefallen für Volk und Vaterland."

Schließlich kam auch von der Zigarre, die bis dahin eifrig und in überraschend liebevoller Einfühlsamkeit per Feldpost von der Westfront geschrieben hatte, keine Nachricht mehr an im Fotografierladen auf der Oberstraße. Da beschloss das Püppchen, um nicht den Verstand zu verlieren, falls auch in seinem Leben die Bombe aller Bomben detonieren würde, sich schon einmal auf ein Schicksal als frühe Witwe einzustellen. Es trauerte, wie es gelebt hatte: klaglos und ohne jedes äußere Anzeichen von Verzweiflung. Zuerst waren die anderen dran.

Die Mütter, deren Ehemänner, wie das damals hieß, „im Feld vermisst" waren. Die bereits ein familiäres Miteinander beim morgendlichen Frühstück auf der Eckbank in der Küche hatten leben dürfen, jenen wohlgeordneten, glückerfüllten Daseinsalltag mit beschaulichem Weihnachtssternebasteln vor dem warmen Bollerofen und Ostereiersuchen im ersten, zarten Grün der Rheinanlagen und die nun dem Püppchen in einer Eingebung aus Neststolz und Verbitterung an den Kopf warfen: „Du weißt ja gar nicht, wie das ist …" Als gäbe es in dem Leben eines Püppchens nichts, das sich zu betrauern lohnt.

Also blieb das Püppchen stumm, wenn die heldenhaften Hüterinnen der Familienehre ihr Unglück unter verschwörerischer Anteilnahme der gesamten Bürgerschaft beweinten. Wenn der Schmerz über ihm zusammenschlug, trollte es sich ins ewig dämmrige Wohnzimmer hinter dem Verkaufsladen und weinte verlorene Schmerzenstränen in sein gestärktes, weißes Spitzentaschentuch aus fein gekämmter Baumwolle.

Nach ein paar Jahren waren die meisten Männer aus der kleinen Stadt am Rhein bei den Angehörigen als „gefallen" gemeldet. Nur das Püppchen mit seiner unbeachteten Verzweiflung hielt weder eine gute noch eine schreckliche Nachricht in seinen kleinen Händen.

Da Frau Koschinsky keinen Beruf erlernt hatte und mit dreißig Jahren ohnehin zu jung gewesen wäre, um in Rente zu gehen, übernahm sie kurzerhand das Geschäft des Ehemannes. Sie erweiterte das Angebot aus Fotoapparaten, Linsen, Filmrollen und Batterien um ein außerordentlich breit gefächertes Sortiment an geschmackvollen Glückwunsch- und Trauerkarten und veredelte die notgeborene Offerte mit einer dezenten Auswahl extra feinen Briefpapiers.

Und weil der Erlös daraus zum Leben nie und nimmer gereicht hätte, scharrte Frau Koschinsky die letzten Quäntchen Mut zusammen, die in ihrem kleinen Püppchenherzen die Jahre schnöder Selbstverleugnung überdauert hatten, schickte ein Stoßgebet zum Himmel und verkaufte bis zum letzten Exemplar der Zigarre kreative Werke.

Das Püppchen bekam regen Zulauf an Kundschaft, denn es war ja nicht irgendein Püppchen, das hinter irgendeiner Ladentheke wirkte. Es war das Püppchen von jener prächtigen Zigarre, die eine stattliche Autorität gewesen war in unserer kleinen Stadt, und es blühte ein vorsichtiges Bisschen auf.

Jedenfalls lag immer ein zarter Glanz wärmender Maisonne, der das Beste hoffen ließ, über der stillen Zeremonie andächtiger Handgriffe, mit der Frau Koschinsky nun im erhabenen Refugium eines im Krieg vermissten Stadtfotografen ihrer neuen Arbeit nachging. So morgens um acht, wenn sie, nach „Uralt Lavendel" duftend, die Ladentür mit dem gläsernen Guckfenster aufschloss, so bei der beinahe frommen Andacht, mit der sie die schweren Holzrolläden über dem Schaufensterglas fast geräuschlos in die Höhe zog, und so nicht zuletzt über dem weihevollen Akt am Abend, da sie im kupfernen Lichtkegel der barocken Stehlampe mit den langen Seidenfransen das eingenommene Geld in der Kasse durchzählte. Wenn, ja, wenn da nicht ihre Sehnsucht nach der ignoranten Anhänglichkeit der Zigarre gewesen wäre. Da kam an einem dampfend heißen Nachmittag im August eine Nachricht an im Hause Koschinsky.

Der Tag war überhaupt nicht gemacht für eine Botschaft, die vom Himmel fällt, denn gerade erst war zum täglichen Kampf ums nächste Stück Brot das Malheur mit der Trinkwasserversorgung gekommen.

Der Rhein, aus dem das lebenswichtige Nass in die Haushalte gepumpt wurde, führte seit Wochen kaum mehr Wasser. Er sah mit seinen quer in die Fahrrinne stoßenden, kalkweißen Steinrippen aus wie das Skelett eines Fischs, an dem die Aale nagen, und spie braune Brühe aus den Wasserhähnen. Die ganze Stadt litt an Durchfall und Erbrechen, lähmender Kriegsangst, unerträglichem Hunger und tiefer Trauer um das verlorene Glück einer unbeschwerten Zeit. An ein Wunder, das die kollektive Schmach ins Gegenteil verkehren würde, glaubte niemand mehr.

Frau Koschinsky war gerade dabei, das Fenster zu schließen, weil seit den Morgenstunden ein brennender Wind von der nackten Sandbank her den Gestank verwesender Muscheln in die Stadt geweht hatte, da schrillte der gußeiserne Klingelkopf über der Ladentür. Die Nachricht bestand aus einem zerknitterten Stück Papier. Das sah aus, als sei ein Trupp Weinbergsarbeiter mit lehmverklumpten Schuhen darüber gelaufen und wurde von einer Frau aus Oberheimbach gebracht.

Die Frau legte den Zettel vor dem Püppchen auf die frisch polierte Glasplatte, die den hölzernen Präsentationskasten mit den Trauerkarten abdeckte, und sagte: „Das hat mein Mann in Mainz auf der Grossen Bleiche (Strasse) gefunden." Der Brief fing an mit „Mein liebes Püppchen ..."

Frau Koschinsky warf sich nicht schreiend über die entkräfteten Schriftzüge, wie das andere Frauen an ihrer Stelle getan hätten. Sie stürzte auch nicht aus dem Laden, um die Depesche triumphierend der Nachbarschaft unter die Nase zu halten. „Mein Gott", flüsterte Frau Koschinsky nur, und das Blatt in ihren Händen zitterte. Im Herzen des Püppchens aber ging leise eine große Sonne auf.

Was war geschehen? Im Winter vierundvierzig war der Koschinsky an der Westfront vor Maubeuge (Frankreich) in französische Gefangenschaft geraten. Von dort war ihm zunächst die Flucht geglückt. Er schlug sich im Schutz der

Wälder heimwärts durch, schlief bei Tag und marschierte in der Nacht. So kam er bis ins Rheinhessische.

Doch nur sechzig Kilometer vor Bacharach geriet seine abgerissene Gestalt einem Panzerspähwagen der Amerikaner ins Visier. Den schnittigen Heimatgeruch von Weiden, Pappeln, Schilf und Rheinwasser endlich wieder in der Nase, endete die Heimkehr des Koschinsky auf den Stoppeln eines abgemähten Weizenfeldes.

Das fahrbare Geschütz trieb den Mann vor sich her bis kurz vor Mainz, wo bereits ein paar tausend deutsche Soldaten unter freiem Himmel interniert waren. Am Tag darauf hat man die Männer auf ein landwirtschaftlich genutztes Areal in der Nähe von Dietersheim verlegt.

Der Fußmarsch dorthin führte durch die vollständig zerbombte Mainzer Innenstadt. Hier züngelten immer noch zwischen zimmerhohen Halden von Gesteinsschutt und verkohlten Häuserwänden schwarze Säulen Rauch aus glimmenden Brandnestern, aber die Straßen waren bereits freigeräumt. Auf der „Grossen Bleiche" hatte man sogar blitzsauber gefegt wie in Friedenszeiten.

Dort ließ der Koschinsky eine Nachricht auf den Gehweg fallen. Adressiert „An das Püppchen aus Bacharach". Zu Gott betend, dass ein hilfsbereiter Geist den Zettel finden und in den Fotografierladen an der Oberstraße bringen würde.

Ein „Eisenbahner" aus Oberheimbach, der gerade von einer Kotzeltour (Umtausch von Waren) nach Stromberg im Hunsrück an den Rhein zurückgewandert kam, Mehl und Eier im Rucksack, hob den Zettel auf und nahm ihn mit nach Hause. Seine Frieda, die in jungen Jahren einmal als Dienstmädchen im Bacharacher Café Schnell in der Küche gearbeitet hatte, wusste sofort, wer das Püppchen war.

Und das Püppchen wusste, dass es auf dem Rheinwiesenlager in den ersten Wochen schwerwiegende Engpässe mit der Versorgung gegeben hatte. In Reichweite von einem halben Meter rund um die Stacheldrahtumzäunung der vom Dauerregen knietief aufgeweichten Kohlfelder hatten damals die Verzweifelten bereits Wiesengras und Ackerblumen bis auf das letzte Hälmchen Grünzeug ausgerupft, um ihrem brüllenden Gedärm das Maul zu stopfen.

Typhus und Ruhr grassierten wie die Geißel Gottes, und als ob das der Not nicht genug gewesen wäre, waren den Unglücklichen nun auch die eigenen Landsleute in den Rücken gefallen. Die Amerikaner hatten, um eine einigermaßen strukturierende Ordnung unter den Gefangenen aufzubauen, ranghohe deutsche Soldaten als eine Art Ordnungshüter eingeteilt. Die nutzten jetzt die Gelegenheit, sich durch übertrieben harten Drill gegenüber den erschöpften Inhaftierten bei den Alliierten in ein angenehmes Licht zu rücken. Manch einem Wendehals gelang es so, auf Kosten seiner Kameraden den Blick von einer belastenden Vergangenheit abzulenken.

Das Püppchen zweifelte keine Sekunde daran, dass die Geschicke der mächtigen Zigarre nun zu einem beachtlichen Teil in seinen zarten Händen lagen. Alle drei Tage fuhr es in einem der mit ausgezehrten Menschenleibern bis auf den letzten Winkel vollgestopften Güterzüge nach Bingerbrück (heute Bingen Hauptbahnhof). Von dort war noch ein verquälter Fußmarsch quer über die von der kollektiven Hungersnot geplünderten Rübenäcker zu bewältigen, auf zerrissenen Schuhsohlen und mit Löchern darin, groß wie die Kartoffeln, die man längst nicht mehr im Keller liegen hatte, mit Schürfwunden an Armen und Beinen und hin und wieder auch mal mit geprellten Rippen.

Letzteres hatte sich das Püppchen im babylonischen Gedränge dampfender Leiber in den überfüllten Zugabteilen eingehandelt. Zwischen strickverschnürten Koffern und sperrigem Hausrat, wo man nicht liegen, sitzen, stehen konnte und wo immer einmal wieder eine verzweifelte Seele in Panik um sich schlug, wenn ihr die Luft zum Atmen fehlte.

Die Schürfwunden an den Schienbeinen fing es sich bei einer Fahrt auf den scharfkantigen Trittbrettstufen ein. Hier hatte sich das Püppchen im Fahrtwind festgeklammert, weil im Zugabteil kein Stehplatz mehr zu ergattern gewesen war. Die

Unterarme riss es sich nach einem riskanten Aufstieg hoch oben auf dem rostigen Wagendach auf. Wer irgend klettern konnte, schätzte sich glücklich, wenigstens dort noch Halt zu finden, weil den ganzen Zug entlang bereits die Menschen in dicken Trauben auf den Treppen hingen.

Die halsbrecherische Aktion wiederum brachte ihm ein schwarzes Gesicht ein, das später im Lager Dietersheim für eine schreckensvolle Ahnung sorgen sollte. Die Züge fuhren noch mit Kohle, die Wagendächer waren mit einem dicken Film aus Ruß überzogen, und Frau Koschinsky war gezwungen gewesen, sich dort bäuchlings liegend festzuklammern, um nicht vom Waggon geweht zu werden. Als das Püppchen schließlich, schwarz wie ein Kaminfeger, im Lager Dietersheim ankam, gerieten vier abgerissene Gestalten, die mit der Zigarre zusammen in einem Erdloch hausten, in helle Panik. Man befürchtete, die Bombadierung der Städte sei wieder in vollem Gang und für die Elenden von Dietersheim auf dem ungeschützten Feld der letzte Lebensaugenblick gekommen.

Das Püppchen teilte mit der Zigarre die schwindsüchtige Ausbeute seiner Lebensmittelmarken, mal eine Scheibe Brot, mal zwei Kartoffeln. „Haltet durch, jeden Tag kann der Krieg vorbei sein“, beschwor es den vergrämten Haufen Kameraden um den Ehemann herum. Tief im Herzen jedoch fürchtete das Püppchen, dass seine mittlerweile spindeldürre Ehehälfte ihr Schicksal hinter Stacheldraht nicht überleben würde.

Wenn Frau Koschinsky nach ihren niederdrückenden Visiten der Barmherzigkeit wieder ihren kleinen Fuß in die stumme Leere der ehelichen Wohnung setzte, flüchtete sie sich ins Bett der Zigarre, zog das Leintuch über das Gesicht und kniff die Augen zu, am Boden zerstört von der Not, die sie wieder hatte sehen müssen. Als das Gefangenenlager endlich aufgelöst wurde, sahen das Püppchen und der Koschinsky aus wie Gespenster. Aber sie lebten!

Ein Jahr später bereits hatte die Zigarre ihren dicken Bauch zurück und die Honoratioren-Ecke in der Weinstube Schamber erneut ihr Stammtisch-„Brüder“-Paar der Sonderklasse. Frau

Koschinsky blickte jetzt eine Spur gewitzter in die Runde als vor dem Krieg, und wenn der Zigarre Lebensretterin einmal nicht erschien, wurde sie sogar vermisst: „Wo bleibt das Püppchen?“, spreizten sich die Leitwölfe mit steifem Hals und ließen besorgte Blicke über ihren Weingläsern mit dem geschätzten Riesling kreisen. Wer hätte das gedacht.

Zu meiner Überraschung lebte der Koschinsky nicht mehr, als ich im Dezember 1970 in seinem Atelier meine Hochzeitsfotos machen ließ. Er war zwar, als er starb, bereits hoch in den Siebzigern, aber immer noch so allgegenwärtig präsent und ein nicht wegdenkbarer Teil des Stadtbildes gewesen, dass ich es kaum für möglich gehalten hatte, jemand wie er könne sich davonsterben wie andere auch. Doch er hatte es getan. Und innerhalb von zwei Jahren hatte er sogar einen kompetenten Nachfolger im Bannkreis der geweihten Kamera.

Ein hageres Männlein aus dem Schwäbischen war das, welches nun die Verantwortung für die existenzerhaltende Linse übernommen hatte, und die höchstpersönliche für das Püppchen gleich mit. Doch der neue Hausherr schien nicht annähernd die autoritäre Gelassenheit der Zigarre in die Ehe gebracht zu haben, die einst jedem Notfall standgehalten hatte, der einem Fotografierladen in der Bacharacher Oberstraße widerfahren kann. Als der Blitz nicht auslösen wollte, verlor der kleine blasse Mann die Nerven.

Er fuhr sich mit beiden Händen ins lichte Grauhaar, fluchte lautlos und begann wie ein schallgedämpftes Rumpelstilzchen um die kampfunwillige Kamera herum zu tanzen. Einmal rechtsherum und einmal linksherum, aber ach, diese glotzte das Brautpaar nur weiter ungerührt von ihren zitternden Spinnenbeinen an wie ein Flakgeschütz, das den Einsatz an der Front verweigert. Das Hochzeitsbild jedenfalls wurde nichts.

Der Koschinsky war tot und mit ihm die Kunst aus der Linse. Überhaupt schien alles kreative Leben aus dem Geschäft an der Ortsdurchfahrt entwichen, seit die mächtige Zigarre ausgebrannt war. Im ehrwürdigen Schaufenster strahlten keine Fotos aus Koschinskys Meisterhand mehr festlich von mit brettsteif gestärktem, weißem Leinentuch behängten Schaupodesten. Stattdessen baumelten in lärmenden Farben, auf tumben Pappkarton gebannt, Reklame für Buntfilme und irritierend schmächtige Modelle neumodischer Kameras von der Decke. Letztere tanzten wie von Sinnen in der Zugluft, wenn jemand die Tür zum Laden aufstieß, und verhöhnten des Koschinskys Zauberkünste der Vergangenheit.

Der Neue im Leben von Frau Koschinsky entpuppte sich als das schwächelnde Gegenstück eines Vollmenschen. Er verfügte nicht über die trinkfeste Geselligkeit seines robusten Vorgängers und schritt auch nicht wie der Rädelsführer aller Oberkellner mit vorgestrecktem Spitzbauch über die Mitte der Oberstrasse. Er war ein transparentes Stück Nichtmensch, ein Schluck Kräutertee, der sich mit hängendem Kopf an den Hauswänden entlangdrückte und zu granteln schien: „I bin nit da, lasst mi en Ruh."

Die Plauderstunden am feinen Stammtisch in der Wirtschaft wurden strikt gemieden. Dem magenkranken Sonderling widerstand die Säure im heimischen Rebensaft. Herr und Frau Menninger, so hieß man jetzt, lebten nun voll und ganz privat. Das ehemalige Püppchen war damit ausgelastet, auf die nervösen Wünsche eines akkuraten Schwaben einzugehen, der sich in der Stadt nicht akzeptiert fühlte.

Aber das Püppchen lächelte weiter sein makelloses Strahlelächeln, als sei die Welt hinter der Ladentheke unverändert in althergebrachter Ordnung. Dies nicht einmal so zu Unrecht. Die Rollen zwischen den Bediensteten in Sachen aktueller Bildtechnik waren zwar vertauscht. Jetzt war es das Püppchen, das den Ehemann über die Runden kleinstädtischen Miteinanders trug, doch das Spiel funktionierte im Kern nach dem alten Modell. Es war ja nicht irgendein Püppchen, das hier trug, sondern das Püppchen der früheren Zigarre, die einmal eine herausragende Persönlichkeit gewesen war in unserer kleinen Stadt. Des Püppchens gesellschaftliche Position war gesichert. Das Püppchen blieb das Püppchen.

Aber nur zehn Jahre später war auch der kleinmütige Nachfolger der unverwüstlichen Zigarre unter der Erde und das Püppchen abermals ohne Ehemann. Dies jedoch, so manches Unglück hat sein Gutes, erhob die Dame wieder in den über alle Zweifel erhabenen Stand der Witwe von der unvergessenen Zigarre. Als habe im Laden auf der Oberstraße nie ein aufgeregter Pfeifhase sein zugereistes Handwerk ausgeübt.

Aber die Frau war nun einmal Witwe. Und das bereits zum zweiten Mal. Und alleine ohne Kind und sonstige Anverwandte in unserer kleinen Stadt, die einen langen, gottverlassenen schwarzen Winter hat.

Doch das Püppchen lächelte unbeirrt weiter sein jungfräuliches Dauerlächeln, als habe sich nichts, aber auch gar nichts Beklagenswertes ereignet in den zurückliegenden Lebensjahren, das der Erwähnung wert gewesen wäre. Damals überkam mich die bestürzende Vermutung, Lachen und Verzweiflung nährten sich aus derselben Quelle.

Lief ich auf dem Weg zum Einkaufen durch die Stadt, stand das Püppchen hoch über dem Marktplatz am Fenster seiner kleinen Wohnstube und starrte auf die vom Zorn der toten Jahreszeit fast menschenleer gefegte Oberstraße. Wenn ich zurückkam, hielt es immer noch die Stellung, am selben Fleck, im Dämmerwinkel seiner ereignislosen Abgeschiedenheit. Selbst am späten Nachmittag konnte ich die reglose, kleine graue Nichtgestalt im finsteren Spalt zwischen zwei dicht gerafften, weißen Stores ausmachen, und wann immer ich sonst an dem Haus vorbeilief, in dem Frau Koschinsky jetzt wohnte. Bisweilen hatte es den Anschein, als habe das Püppchen im Stehen das Zeitliche gesegnet.

Es war hoch im Februar. Die Stadt hing tief in der Winterstille fest, und seit Wochen war es im Rheintal nicht mehr richtig Tag geworden. Da ergab es sich, dass das Püppchen im Wartezimmer unseres Hausarztes neben mir auf dem Stuhl saß. Ich fragte, was der Mensch so fragt, wenn ihm nichts weiter einfällt: „Wie geht es?“ Frau Koschinsky legte artig den Kopf zur Seite, wie sie es gerne in den alten Stammtischtagen an der korpulenten Seite der Zigarre gehalten hatte, drückte den Zeigefinger auf die Oberlippe und flüsterte kaum hörbar: „Einsam. Im Winter wird eine Minute zur Ewigkeit."

Welch eine niederschmetternde Erkenntnis! Ich bemühte mich, mir zu vergegenwärtigen, wie in meinem Leben an des Püppchens Stelle eine Minute zur Ewigkeit eskalieren würde. An einem Nachmittag im menschenleeren, mausestillen Winterfebruar, wenn dieser ewigen Minute noch 349 weitere, ereignislose Minuten folgen würden, bis endlich der erlösende Nachtschlaf über meine Einsamkeit den Mantel des Vergessens werfen würde.

All dies in teuflischer Verschwendung verteilt über fünf endlos lange Wintermonate. Ein Alptraum, den die zweifache Witwe zu jener Zeit bereits im zehnten Winter überlebt hatte. In Würde. Ohne den Verstand zu verlieren. Seither weiß ich, dass der Tod mitunter das Leben selbst sein kann.

In wenigen Jahren, schätzte ich, würde des Koschinskys Püppchen sterben. Tot gekocht von der Öde ihres leeren Lebensabends, und das Ende, vor dem es so vielen Menschen graust, würde bis dahin für eine von den Qualen ihrer Einsamkeit Geläuterte allen Schrecken verloren haben. Wenig später war das Püppchen wirklich tot.

Es gab eine gewaltige Beerdigung. In schnatternden Scharen waren über Nacht Verwandte angerückt, die man, als die Verstorbene noch lebte, so gut wie nie in unserer kleinen Stadt gesehen hatte. Die sorgten nun dafür, dass das Püppchen „anständig unter die Erde" kam. Der für den Leichenschmaus angemietete Mainzer Saal konnte nur einen Bruchteil der Trauergäste fassen.

Ihr Ansturm hatte zuvor anlässlich der Beisetzung auf dem Friedhof weit draußen vor der Stadt hoffnungslos die engen Gehwege verstopft. Pastor und Messdiener waren nur mit Mühe bis zur Grabstätte vorgedrungen. Die halbe Gemeinde hatte sich eingefunden, um auf dem Umweg über „das Püppchen" der Zigarre die nun unwiderruflich letzte Ehre zu erweisen. Vor allem aber fühlte man sich geeint im brennenden Bedürfnis nach endlich einer Abwechselung. War man doch im ereignislosen Bacharacher Winter auf Sterbefälle geradezu angewiesen.

Draußen vor der Tür des Mainzer Saals floss stumm der graue Winter-Rhein zwischen grauen Rebenhängen unter einem grauen Himmel. Graue Nebelschwaden wälzten sich bereits, es war erst früher Nachmittag, von den Kämmen der Hügel hinunter ins Tal. Sie überrollten Stadt und Fluss mit einem grauen Rülpser, und man durfte annehmen, dass das Püppchen dort, wo es jetzt weilte, glücklich war, der Stätte grauer Einsamkeit entkommen zu sein.

Erleichterung füllte die Herzen an den weiß gedeckten Tischen nach der nasskalten Begegnung mit der Endlichkeit des Seins auf der Ruhestätte für die Ewigkeit. Man griff aufgeräumt plaudernd zu belegten Brötchen und Streuselkuchen und schlürfte dankbar den Kaffee, der gleich kannenweise aufgetragen wurde. In nur wenigen Minuten beschlugen die Butzenscheiben der breiten Fensterfront von der Hitze, die die Leiber der Gäste beim lärmenden Geschwätz ausdünsteten.

Verblichene Fotos in schwermütigem, graubraunem Grundton machten die Runde, gezogen noch auf denselben dicken Pappkarton wie jene Reklamebilder, die einst nach dem Tod des Herrn Koschinsky so verloren im Fotoladen von der Decke baumelten; eine ferne Verwandte, die niemand mehr kannte, hatte sie mitgebracht.

Eines davon zeigte das Püppchen mit siebzehn. Es hockte in den Rheinanlagen auf der Wiese in einer weißen Wolke voll erblühter Gänseblümchen und trug ein kurzes, dunkelblaues Faltenröckchen. Das hatte der Wind eine Handbreit zurückgeblasen und die strammen Knie der frühen Jugend freigelegt, glatt und rund wie Nadelkissen. Mit den Händen stützte sich Magda, so hieß das Püppchen damals noch, rücklings im Gras auf, warf den Kopf in den Nacken und lachte in die Pappeln hinauf, als wollte sie immer leben, brennen wie eine helle Flamme mit Anspruch auf alles Glück der Welt.

Trauer war im Übrigen kein Thema unter den Gästen. Auch Hausarzt und Pastor, ebenfalls zu Gast, erblickten in des Püppchens Ende nur die Gnade eines langen Lebens: „Kein Wunder, es war das Herz.“

Gewiss doch, aber eines, das unter der Last der Einsamkeit hatte aufgehört zu schlagen ...

Vergebung heilt!

die unsterbliche Else

Else ist fünfundachtzig Jahre, überhaupt nicht altersträge und immer noch für alles zu haben, was das Leben zu einer Fahrt ins Blaue macht. Für stille Nachmittage auf der Parkbank fühlt sie sich erheblich zu vital. Sie ist robust wie ein Schlachtschiff, und kann derbe Witze reißen, die selbst den Mann vom Bau erröten lassen.

Das erste Mal bin ich ihr begegnet, als sie morgens in ausgebeulten Schlotterhosen ihren Hannibal am Rheinufer Gassi führte. Man hätte sie durchaus für eine verarmte Rentnerin halten können, der die finanziellen Mittel für den Hüfthalter ausgegangen sind – wenn, ja, wenn der Dame nicht dieses pfiffige Grinsen in den Augenwinkeln gesessen hätte.

Das konnten selbst frostige Temperaturen nicht trüben. Auch bei neun Grad unter Null trug die Frau Holzsandalen ohne Strümpfe und immer einen dünnhäutigen Anorak in ausgebleichtem Rotton über ihrer flatternden Beinbekleidung, in der das Hinterteil eines Ochs Platz gefunden hätte.

Doch ihr unkonventionelles Erscheinungsbild tat Elses Popularität in unserer zu jener Zeit noch recht konservativ geprägten, kleinen Stadt keinen Abbruch. Auch nicht der „Makel", dass sie keine „Alteingesessene" war, sondern „nur zugereist". Aus einem Nest am Niederrhein, dessen Name aber kaum jemand im Kopf hatte. Denn die Krankenschwester im Ruhestand pflegte mit der fachkundigen Routine von zweiundvierzig Berufsjahren alle hilfebedürftigen Personen in der Stadt, die die Gebrechlichkeit des Alters ans Haus gefesselt hielt und die nicht mehr die Beweglichkeit besaßen, sich selbst – pardon: den Hintern abzuwischen.

Trotz ihrer reifen Lenze verliebte Else sich sogar öfter einmal in nicht unbedingt gesellschaftsfähige Mannsbilder, und dies ohne jede Scheu vor dem gestrengen Fallbeil der öffentlichen Meinung.

Ihr Einsatz für die Kranken der Gemeinde verlieh ihr eine gewisse innerstädtische Immunität. Der Großteil ihrer Pflegefälle hatte in unserer kleinen Stadt das Sagen an der Gerüchtefront und setzte mit der Toleranz zweckgebundenen Weitblicks darauf, dass die beherzte Alte immer wieder kam.

Auch sah niemand pikiert zur Seite, wenn Else mal als Klofrau wirkte. Als solche verdiente sie sich auf den Weinfesten der umliegenden Ortschaften in den hochbeinigen Toilettenwagen ein stattliches Zubrot. „In ein paar Jahren", so Else einmal zu mir durch die geschlossene Klosetttür, als ich auf der Brille Platz bezogen hatte, „in ein paar Jahren is mit dem Jeld hier dat Dach von meinem Haus jedeckt."

Solches und andere Details mehr aus dem erfüllten Lebensalltag einer Fünfundachtzigjährigen erfuhr schnell einmal der eine oder andere, den der Druck auf die Blase in die von Chlor- und Ammoniakgeruch gebeizte Luft ihres Containers trieb. Wer bei Else auf dem Thron saß, wusste, sein Pinkelgroschen erfüllte einen guten Zweck.

Else war auch ohne jede Furcht. Das bekam selbst der als Urlaubsvertretung aus einem fernen Dorf im Hunsrück ins Rheintal entsandter Repräsentant der örtlichen Geistlichkeit zu spüren. Der protestantische Anwalt Gottes auf Erden, ein noch sehr junger Mann, hatte sich als autoritäres Nervenbündel eingeführt, dem man gerne aus dem Weg ging. Das schlug sich auch in der Anzahl jener Seelen nieder, die sich sonntags zur Andacht in der St.-Andreas-Kirche einfand.

Diese schrumpfte jede Woche um eine weitere Handvoll derer, die das Sprachrohr Gottes mit seiner unheiligen Wut vor den Kopf gestoßen hatte. Nur Küsterin Else, fromm wie eine Sizilianerin, sowie eine Handvoll wider alle irdische Unbill immune Protestantinnen hielten dem „Feuermelder" (Volksmund) noch die Treue.

Doch Else wäre nicht Else gewesen, wenn sie den eklatanten Missstand länger gottergeben hingenommen hätte. Der Anblick der geleerten Sitzreihen in der Stätte ihres Seelentrostes lag ihr mittlerweile „wie ein Stein auf dem Herzen“, und so geschah das Unvermeidliche: Eines Tages konnte Else nicht mehr beten! Des Predigers aufbrausende Stunde Null hatte geschlagen.

Ein banaler Wortwechsel an einem unbescholtenen Maimorgen sollte das Unheil einläuten. Die getreue Küsterin hatte gerade den Steinboden im Chorraum gewischt. Erste Sonnenstrahlen fielen durch die Straßenfenster auf ein die Stirnwand von St. Andreas schmückendes Gnadenstuhl-Gemälde aus dem 11. Jahrhundert. Es zeigte, völlig ungewöhnlich, den Herrgott in persona – da verlor der Missgelaunte trotz Präsenz des Allerhöchsten das Gefühl für Gerechtigkeit: „Vor der Kanzel“, so der Mann, umschwirrt von bösen Mächten, sei „nicht sauber gewischt.“

In Elses Kopf fiel die Bibel vom Tisch: „Isch bresch Dir die Knochen!“, stürzte sie auf den Gottesdiener zu, die Dreckschaufel in der Rechten und das Kreuz der Tempelritter auf der Stirn. Der Bedrohte wirbelte herum, raffte die Säume der Soutane und rettete sich die Sandsteintreppe hinauf in die Zwerggalerie

Der Affront von St. Andreas brachte Else weitere Pluspunkte in der Bevölkerung ein. Sie blieb zwar aus dem Blickwinkel feinnerviger Beobachter hinter vorgehaltener Hand „eine kleine Wildsau“, allerdings eine geschätzte. Eine Bache von Rang sozusagen und gemäß generöser Selbsteinschätzung sogar „der einzige Mann in der Stadt“. Doch eines Tages schien Else auf irritierende Weise verändert.

Die wehrhafte Dame, die nicht Tod noch Teufel scheute, wirkte sanft geläutert. Sie hatte den rasselnden Modeschmuck aus Holzklötzchen und Glaskugeln auf der Brust gegen stilvolle Zärtlichkeiten filigraner Goldschmiedekunst getauscht und trug jetzt öfters auch mal einen Rock. Aus ihrem Blick waren Donner und Blitz gewichen, und als im Herbst die ersten Blätter von den Bäumen fielen, offenbarte sie mir mit sanftem Lächeln: „Ich habe mich verlobt.“ Ihr Blick nahm Kurs auf die Zwerggalerie des verwaisten Gotteshauses und ließ ahnen, was sie dachte: „Keine Sorge mehr. Wer liebt, sündigt nicht.“ Else war ein anderer Mensch geworden.

Der heiratete, zog aus unserem klimpernden Bacharach in den kleinen, waldstillen Nachbarort und wurde vergessen. Else tat es gut, vergessen zu werden. Als Mann. Solange sie gelebt hatte, hatte sie kämpfen müssen. Alle ihre Männer waren dünnstimmige Hänflinge gewesen, deren verzagte Hasenherzen den Anstürmen des Lebens nicht gewachsen waren. Immer hatte sie deren Kämpfe mit austragen müssen und nun die Rolle der schlachterprobten Amazone leid, die hilflose Mannsbilder davor bewahren musste, an den Prüfungen der Wirklichkeit zu scheitern.

Einmal schwor sie mir gar, sie wäre „glatt bereit“, den Rest ihres Lebens „als Jungfrau zu verelenden“, wenn sie „nur mal ein Jahr lang könnte die Flügel hängen lassen.“ Jetzt konnte Else. Sie genoss die finanziellen Annehmlichkeiten einer doppelten Rente und den stillen Burgfrieden im Leben einer Frau, die nur noch Frau von einem Ehemann war und weiter nichts.

Der neue gesellschaftliche Stand schenkte ihr etwas von jener Würde angepasster Weiblichkeit zurück, die ihr in den letzten zwanzig Jahren abhanden gekommen war, als es ihre Rolle als „einziger Mann in der Stadt“ bis in klerikale Kreise zu behaupten galt.

Ihr Waldemar entsprach zwar nicht der gängigen Vorstellung, die der Volksgeist über die Jahrtausende von einem „richtigen“ Mann entwickelt hat. Seine Vorläufer im Ehebett, Gott hab' sie selig, hatten trotz ihrer altweiberhaften Alltagsängste immer noch in erotischer Hinsicht einen gewissen Stand auf der Matte bewiesen.

Waldemar hingegen war es in achtundsiebzig Lebensjahren nicht gelungen, sich in seinem verträumten Heimatdorf der fehlenden Versuchung wegen seiner männlichen Unschuld zu entledigen. Doch selbst das hatte Else nicht schrecken können, denn, so diese in einem indiskreten Augenblick, dieweil ich wieder einmal auf der Brille saß: „Dem hab' isch kurz jezeigt, wie man's macht."

Der Akt entschlossener Barmherzigkeit sollte sich auszahlen, denn arbeiten musste Else auch nicht mehr. Nicht als Klofrau und nicht als Krankenschwester. „Mein Mann", bekannte die Neuvermählte im Eissalon über sechs Bällchen Schokoladeneis mit Sahne, „wünscht das nicht." Else bekam ihr glückliches Jahr der hängenden Flügel. Dann wurde sie krank.

Sie erlitt schmerzhafte Durchblutungsstörungen in den Beinen, zwei Magengeschwüre, einen Gallenstein, Inkontinenz und Plattfüße und diverse andere Hinderlichkeiten mehr, die zu erwähnen hier zu weit führen würde, in ihrer Bündelung aber den Hausarzt besorgt stimmten. Obgleich Else von schwergewichtiger Statur war wie eh, wirkte sie jetzt auf bestürzende Weise zerbrechlich. Von innen heraus. Sie hatte den vom Ende der Zeit kommenden Blick alter Menschen, deren Tod nahe ist. Ich fürchtete, demnächst würde sie uns für immer verlassen, doch über Nacht sollte sie sich fangen.

Eines Abends um acht lief sie mir auf unserer „Obergass" blitzlebendig über den Weg, eine Bettpfanne unter den Arm geklemmt, und hatte „ne janze Menge zu erzählen." Gestern sei sie „der versoffenen Hennrich auf die Bude jerückt." Die hätte sich seit einem halben Jahr nicht mehr gewaschen in ihrem „Dreckstempel" oben auf der alten Stadtmauer. In die Badewanne gehievt habe sie „das Rhinozeross" und hinterher noch „den zugemüllten Saustall um die Alte herum entrümpelt."

In der Nacht darauf habe sie das erste Mal seit einem Jahr wieder durchgeschlafen. Der Doktor habe sich entsetzt gezeigt ob ihres Rückfalls in die rigorosen Tage an der Amazonenfront, und der Ehemann sei ins Zuckerkoma gestürzt. Doch „von keinem der Dummschwätzer", so Else, lasse sie sich „je wieder ins Gehirn pinkeln."

Fortan durften noch einmal alle hilfebedürftigen Senioren in der Stadt auf der Dame großes Herz setzen. Gleich drei Notfälle nahm sie in den folgenden Wochen unter die erstarkten

Fittiche, und statt an der Belastung zu verzagen, wurde sie vollkommen gesund. Ein halbes Jahr später glimmte in ihren Augen wieder jenes gewisse Leuchten, das nur Frauen ziert, die kampfhähnige Gottesdiener in die Flucht schlagen und alte Männer zu Männern machen.

Die glücklich Genesene wirkte auch wieder als Klofrau, dieses Mal in den Rheinanlagen im neu gebauten, feschen „Pinkel-Pavillon" (Volksmund). Dort ereignete sich das Unfassbare. Else fuhr gerade mit dem Klosettbesen durch die Schüssel: „… wat mansche Mänsche doch für Schweine sin …", da traf sie der Schlag auf den Hinterkopf. Ein paar Minuten später fand die nächste Kundin die Blutüberströmte am Boden liegend, neben ihr kniend eine junge Frau mit wirrem Blick, die einen Hammer in der Hand hielt.

Else lag acht Wochen im Koma. Als sie ein halbes Jahr später aus dem Krankenhaus entlassen wurde, hat man sie in der Stadt fast nicht wiedererkannt. Die korpulente Else war zu einer menschgewordenen Trockenpflaume aus den Hungerjahren nach dem Zweiten Weltkrieg geschrumpft, die nirgends näher dran schien als am Sterben, und die nur noch eines wollte: „So schnell wie möglich ab über'n Jordan." Da die Unglückliche inzwischen fast Mitte achtzig war, hoffte jeder, der sie ins Herz geschlossen hatte, sie würde erlöst und könne bald in Frieden sterben.

Unter Mobilisierung ihrer letzten Reserven innerer Kraft erschien Else zur Gerichtsverhandlung. Sie hoffte, der Richter würde „der Gerechtigkeit zum Sieg verhelfen" und die Übeltäterin hinter Schloss und Riegel schicken. Vor allem setzte sie darauf, der Triumph harter Strafe über die Abgründe einer sinnlosen Gewalttat könnte sie von ihrer Depression heilen.

Doch die Angeklagte wurde zu gerade einmal einem Jahr Haft auf Bewährung verurteilt. Begründung: erwiesene Schuldunfähigkeit wegen einer Angstpsychose als Folge ausgeprägter Abhängigkeit von Schmerztabletten.

Der Richterspruch schlug in Elses Leben ein wie ein zweiter Überfall. Sie schrie: „Das ist das Ende meines Seelenfriedens" und warf die Hände vors Gesicht. Sie benötigte eine halbe Stunde, bis sich der Aufruhr hohen Wellenschlags in ihrer Psyche wieder legen konnte. Als sie den Gerichtssaal verließ, griff plötzlich eine kleine, kalte Hand nach der ihren. Es war die der Täterin.

Die Frau war, überwältigt von der Gnade eines unerwartet milden Urteils, auf einem Stuhl im Sitzbereich der Prozessbeobachter in sich zusammengesunken gewesen. Aus ihrem Blick sprach die Ohnmacht aller Kranken dieser Welt, und ihre kleine, blasse Stimme flüsterte: „Ich wollte Ihnen doch nicht weh tun …"

Da riss es Else das Herz auf, so weit, wie in ihren allerbesten Samaritertagen: „Mein Gott", rief sie, „Du bist ja so viel schlimmer dran als ich, du armes Menschenkind. Komm!", zog sie das zerknirschte Bündel Unglück vom Stuhl hoch und klemmte es an ihren breiten Hängebusen. Dann weinten beide. Die Übeltäterin kaum hörbar leise im hellen Ziepen eines Siebenschläfers, Else jaulte zweimal kräftig auf wie ihr Hannibal, wenn die Glocken von St. Andreas läuten. Der Richter ließ das Kinn sinken, schüttelte den Kopf und hielt seine Fingerspitzen an die Schläfen. Am Tag darauf war Elses Schwermut wie vom Wind davon geblasen.

Sie zog wieder in ihr schmalhüftiges Hexenhäuschen in der Bacharacher „Unnergass". Den Mann ließ sie – „Du bleibst hier!" – im gottverlassenen Nachbarort zurück. „Er bumst eh nicht mehr", briet sie jedem über, der es wissen und nicht wissen wollte. Als sie zwanzig Pfund mehr auf den Rippen und das wackere Hinterteil einer Wildsau mit Herz wieder zurückhatte, bezog sie erneut leutseliges Quartier im „Pinkel-Pavillon" in den Rheinanlagen. Dort läuft inzwischen alles wie zu Elses besten Zeiten.

Als ich auf der Brille sitze, fährt sie gerade im benachbarten Klosett mit dem Besen durch die Schüssel. „Wat jibt et Neuet?", plärrt sie wie immer durch die geschlossene Kabinentür. Ich: „Du bist wieder gesund …" Sie: „Vergebung heilt, Friederike, Vergebung heilt! – Aber wenn ich dat Ferkel erwische, dat hier wieder daneben jeschissen hat!!!"

In Würde altern

die gute Lösung

„Bekiffter Grufti“, spottete der junge Fahrgast mit dem hennaroten Irokesenkamm und dachte nicht daran, dem betagten Paradiesvogel weiblichen Geschlechts wieder auf die Beine zu helfen. Die Frau hatte das Gleichgewicht verloren und war in voller Länge bäuchlings in das Abteil der Straßenbahn gefallen. Zwei ältere Männer erbarmten sich schließlich und halfen der Gestürzten wieder auf die Beine, pflichtbewusst geprägt durch die Reife ihrer Jahre. Aber dann hatten auch sie sich in den hinteren Teil des Wagens zurückgezogen. Ein spöttisches Grinsen im Augenwinkel, das alles besagte.

Was war geschehen? Waleska, so hieß die Dame, von der hier die Rede ist, war fünfundsiebzig Jahre alt und hatte sich einmal mehr zum Gespött der Leute gemacht. Geschminkt, gekleidet, kurzum: Herausgeputzt wie eine Zwanzigjährige hatte sie versucht, in der abrupt anfahrenden Straßenbahn den nächsten Sitzplatz zu erreichen und war dabei über die Fußspitzen ihrer hochhackigen Pumps gestolpert.

Nun saß sie verstört auf ihrem Platz, hielt mit knöchernen Altershänden die pinkfarbene Handtasche umklammert wie ein Ertrinkender den Rettungsring und irrlichterte mit den Augen einer Spitzmaus, die den Schleichgang der Katze wittert, über die Köpfe der Menschen im voll besetzten Abteil. Da fiel der Satz der Sätze. Eine Dame in Waleskas Alter zischte: „Das kommt davon, wenn gewisse Weiber nicht in Würde altern können.“

Das Lästerwort traf Waleska bis ins Mark. Plötzlich wie davongeblasen war die törichte Illusion in ihrem Kopf, mit der sie sich seit Jahren bereitwillig dem Spott der Gesellschaft ausgeliefert hatte in der bizarren Hoffnung, immer noch jung und attraktiv zu erscheinen, irgendwie. Wenn sie nur weiter auf ihren ziegelroten High Heels durch die Fußgängerzone trippeln konnte, mit steil toupiertem Blondhaar und einem immer viel zu kurzen Rock über den kantigen Knien einer Greisin. Doch nun dies.

In Waleskas Brust köchelte eine tiefe Bitterkeit, und ihr Schädel dröhnte, als sei sie damit gegen eine Wand gelaufen. Die Fahrt nach Hause in die kleine Stadt am Rhein, zu anderer Zeit stets ein verträumtes Blättern in einer Gemäldesammlung von berückender landschaftlicher Schönheit, geriet zur blickleeren Flucht zurück in den Schutz ihrer heimischen vier Wände.

Der große Strom indes floss unbeschwert dahin, als habe sich an seinem Ufer nichts von Belang ereignet, das der Erwähnung wert gewesen wäre. Auch die Luft flimmerte wie jeden Tag um diese Stunde in jenem geheimnisvollen Licht, das die Sekunden zwischen Tag und Dämmerung für jeden, der das Rheintal liebt, zu einer mystischen Erfahrung macht.

Seit fünf Jahrzehnten war dieser Rhein nun auch Waleskas neue Heimat. Deren Schönheit und die kraftvolle Magie des großen Stromes hatten ihre Seele fern des verlorenen Zuhauses weit im Osten mit den Jahren wieder mit neuer Lebenskraft gefüllt. Doch nichts von all dem war ihr jetzt geblieben. Sie sah sich zugrunde gerichtet von einer spöttischen Bemerkung, die in einem lapidaren Straßenbahnabteil gefallen war.

Da, plötzlich und völlig unerwartet, erhob sich das Angesicht der alten Heimat aus der Tiefe der Erinnerung. Das stille „Land der dunklen Wälder" breitete weit die Arme aus und nahm die Verstörte unter seine Fittiche. Waleska atmete tief die hohe Weite eines blauen Himmels ein, der an den milden Sommertagen einer frühen Kindheit immer so überwältigend unendlich dünkte, dass es ihr kleines Herz vor weihevollem Staunen fast zerriss.

Sie hörte die Störche in ihren Nestern auf den Dächern mit den langen Schnäbeln klappern und die Gänse auf der Wiese schnattern und roch den herben Duft von Schilfgras an den

Ufern sternenklarer Seen, deren unerhörte Schweigsamkeit einer Quelle tief im Schoß der Erde zu entspringen schien, wo die Dinge ewig sind und keinen Anfang kennen und kein Ende. Und deren Wasser so kristallig in der Luft der Heimat schimmerte wie ein königlicher Diamant in der Hand des Schöpfers.

Schließlich erklang von irgendwoher Musik. Auch sie hatte eine weite Reise zurückgelegt. Es waren die alten, elfenzarten Melodien aus Waleskas Jugend, getragen noch von jener honigsüßen Schwermut, die berückender als jedes Wort der Welt davon erzählt, wie die Heimat denkt und fühlt. Sie waren Waleska einst, zart wie Zuckerwatte, weit ins Herz hinein gesunken, und hatten es mit einem tiefen Vertrauen in die Welt gewärmt.

„Vergiss es nie, das Land der Väter", hatte der Großvater gesagt, einmal im Winter, als die Seen zugefroren waren und die Stille so allmächtig wurde, dass man hören konnte, wie auf der Fensterbank der Schnee knisterte und die Hunde in ihren Hütten im selben Tonfall wie die Wölfe draußen in den Wäldern heulten. „Es gibt dir alles, was du brauchst, wohin das Schicksal dich auch führt, das Land der Väter. Es hält dich noch in der fernsten Ferne aller Fernen fest an seiner lebensklugen Hand und führt dich sicher über alle hürdenreichen Wege. Gib Gott, dass du uns nie verloren gehst, himmlisches Masuren!"

Da hielt der Zug, und die tröstende Erinnerung schlug um in ein graues Bild beinharter Wirklichkeit. Waleska war angekommen in der kleinen Stadt am Rhein.

Zuhause griff sie sich eine Flasche Wein aus dem Kühlschrank, flüchtete damit ins Bett und trank sie aus bis auf den Grund. In der Nacht um zwölf dann fuhr sie von den Kissen hoch mit brennendem Schädel und verschwollenem Gesicht, schlurfte auf die Toilette und erbrach sich in die Schüssel.

Die Erfahrung, sich ausleeren zu müssen, wider Willen, hatte sie das letzte Mal als kleines Mädchen gemacht. Doch damals hatte sie ob der rigorosen Entledigung ihres Mageninhalts

halts immer das befreiende Gefühl verspürt, nun seien alle Probleme gelöst. Der Drachenkampf in ihrem Gedärm hier und heute jedoch rief nach neuer Klärung. Er war der Aufschlag, der die Achse verzieht. Er reinigte den Kopf.

Waleska stellte sich vor den türhohen Spiegel ihres Schlafzimmerschranks und begann – das erste Mal, seit ihrem sechzigsten Geburtstag – ihr Konterfei mit einem Blick zu mustern, der sich jeden Hauch von Illusion verbat. Zögernd nahm sie das Gebiss aus dem Oberkiefer und zog sich die Perücke vom Schädel.

Sie streifte den stramm sitzenden Rock von den Hüften, öffnete die Bluse mit dem tiefen Ausschnitt und enthakte die Ösen eines zum Äußersten entschlossenen Korsetts. Dann ließ sie das Dreigestirn der Täuschung vor sich auf die nackten Füße fallen.

Schließlich wischte sie sich mit einem Wattebausch die neongrünen Schatten von den Augenlidern und die lila Farbe von den welken Lippen – und erschrak bis in die Fingerspitzen! Der naturbelassene Anblick ihres Spiegelbildes traf sie wie ein Schlag aus der Steckdose. Die Oberlippe schien nach der Gebissentnahme in einen Trichter gestürzt, ihr Kopf mit dem schütteren Bewuchs des Alters glich einem Löwenzahn, dem der Wind einen Großteil seiner Blütenflusel davon geblasen hat.

Die Brustwarzen streiften, schwer vom Oberkörper hängend, einen alterswelken Spitzbauch und hatten absolut nichts mehr gemein mit den knackigen Früchten lodernder Weiblichkeit, die ihr Oskar vor über fünfzig Jahren einmal voller Hingabe geküsst hatte.

Ein aus den Fugen geratener Mensch war das, der da mit hängenden Schultern vor dem Spiegel stand. So gut wie nichts mehr an ihm befand sich am althergebrachten Platz. „Eine armselige Ruine bin ich“, schoss es Waleska durch den Kopf, und ihr Herz fing ob der bitteren Erkenntnis heftig an zu schlagen. „Nichts als ein Stück verfallenes menschliches Gemäuer, das bitter einsam ist, das niemand braucht und liebt und dessen zu Stein ergrautes Erdendasein keinen noch so dünnen Hauch von Zukunft hat."

Jedenfalls vermochte sie sich kaum auszumalen, es könnte für sie noch eine Zeit im Leben geben, die ihr annähernd etwas bedeuten würde – da fiel Waleskas Blick auf ihre Pupillen. Darauf tänzelte ein Körnchen Licht. Es tänzelte tatsächlich. Wie der Geist von einem Wiesenkobold, der sich in die Welt der Realität verhüpft hat.

Als sie das Licht genauer ins Visier nahm, fing es an zu leuchten, brillantklar und in diesem unvermittelt aufblitzenden Strahlen, wie das ferne Sterne tun. Und eine Stimme – war das ihre eigene? – flüsterte: „Das bist Du, das strahlend helle Licht, das niemand sieht."

Augenblicklich verspürte die Gedemütigte das barmherzige Bedürfnis, die Hand auf ihre eingestürzte Oberlippe zu legen.

Sanft strich sie über die zerbrechlich feinen Rillen, die ein langes Leben dort hineingezeichnet hatte und plötzlich war Waleska, als platze in ihrer Kehle ein fürchterlicher Knoten. Sie warf beide Hände vor das Gesicht und brach in heißes Schluchzen aus. „Ich liebe mich!", rief sie, „oh mein Gott, wie ich mich liebe", und ein heftiges Verlangen überkam sie, diese entmutigte Erscheinung im Spiegel in den Arm zu nehmen und ihr alle guten Worte, die das Leben kennt, ins Ohr zu flüstern. Sie griff sich an den Kopf: Wie hatte sie sich selbst nur so schonungslos vergessen können, viele nutzlose, sinnentleerte Jahre lang.

Sie richtete sich zu ihrer vollen Körpergröße auf, öffnete das Fenster und sog tief die scharfe Luft der Dunkelheit in die Lungen ein, die vom Rhein herüberblies. Nein, sie war nicht diese lächerliche, alte Frau, die sich zum Gespött der Menschen machte für ein peinlich infantiles Ziel, nicht alt und welk werden zu müssen wie andere auch. Nein, nein und nochmals nein!

Abermals drängten sich Bilder der Erinnerung ins Hier und Jetzt. Die hatten nichts gemein mit der zauberhaften Schönheit ihrer alten Heimat, und ein Ruf aus kummervollen Jahren klang aus ihrem Pinselstrich. Ihre Leinwand aber, die sie hielt, war durchwoben von einem stählernen Geäst aus unbeugsamem Lebensmut.

Sie zeigten Waleska als kämpferische Frauennatur, die unbeirrt die Nase in den Sturm des Lebens hielt. Und die von einer Schönheit war, die tief von innen strahlte. All das, flüsterten die Bilder, warst einmal Du, weitab von dieser fremden Heimat hier, und o h n e das zwickende Korsett einer emotionalen Verwirrung!

Und in der Tat: Den kompletten, bis auf die letzte Hauswand eingestürzten Straßenzug hatte sie im Sommer 1945 zusammen mit den Frauen aus der Nachbarschaft mit bloßen Händen vom Schutt der Bombennächte frei geräumt. Damals in Berlin, mit brüllend leerem Magen, weil es fast nichts mehr zu essen gab, und hinterher war die nächste Flucht gekommen.

Der tränenschwere Aufbruch in ein fremdes Leben als unerwünschter Flüchtlingsmensch, als Jemand, der die Haare auf dem Kopf nicht wert schien, weil er ohne Heimat, Geld und Arbeit war. Drei Kinder hatte sie alleine durch die Hungerjahre nach dem Krieg gerettet und keinen Augenblick lang ihrer beschützten Jugend auf dem feinen Rittergut der Eltern im Land der dunklen Wälder nachgetrauert. War man doch dem Himmel dankbar damals, dass man überhaupt noch leben durfte, während sich die Spur des jungen Ehemannes für immer in der grausamen Weite des Urals verloren hatte.

Nie wäre ihr in jenen Schreckensjahren schändlichen Verlassenseins in den Sinn gekommen, auf eine Weise um Gunst und Anerkennung ihrer Mitmenschen zu buhlen, wie sie das die letzten Jahre gehalten hatte. Auch nicht, als sie einer verhungernden Ziege geglichen hatte, abgerissen, geplagt, armutshässlich.

Was einzig zählte damals war dieses hellwache Feuer gewesen, das in ihrem Herzen brannte und das irgendwann verglüht sein musste, als jene lodernde Not zuende war, die Menschen so leidenschaftlich am Leben halten kann.

Die Frau, die früh am Morgen das Haus in der kleinen Stadt am Rhein verließ, schien eine andere Person zu sein. Die dezent geschminkte, ältere Dame trug sportliche Schuhe, auf ihrem schütteren Kraushaar einen eleganten Hut und in ihrem Herzen das neu entflammte Lebensfeuer einer alten Trümmerfrau. Im Büro der Mainzer Telefonseelsorge angekommen sagte sie:

„Ich bewerbe mich um ehrenamtliche Mitarbeit. Aber ich habe das noch nie gemacht, und ich bin ehrlich: Ich tue es nur für mich." „Kein Problem", meinte die Leiterin der Sozialstation, „einfach nur mal anfangen. Die Liebe zur Sache kommt dann von alleine."

Waleska blieb zehn Jahre.

Der Penner am Rheinufer

von der Grausamkeit der Angst

Stammtisch in der Weinstube Schamber. Eine betagte Mannsgesellschaft auserwählter Honoratioren aus der kleinen Stadt am Rhein sitzt mit Stock im ehrenwerten Kreuz um den zentnerschweren, holzgeschnitzten Eichentisch. Die aktuellen Meldungen von der lokalen Gerüchtefront sind in die Runde gestreut, das erste Glas Riesling geschlürft und in der Küche das bestellte Schinkenbrot gleich fertig. Da bremst ein Päuschen das Geplänkel. Ein Verlegenheitspäuschen. Tja, die Zeiten sind nicht mehr die Alten.

Das aufgeräumte Wortgerangel von vor zwanzig Jahren nach dem dritten Schoppen ist passée. Die Begeisterungsfähigkeit, für was auch immer, hat gelitten, der robuste Unternehmungsgeist von Mitte Vierzig verlor sich weitgehend in den Unpässlichkeiten des Klimakteriums, und das einst aufgekratzte Interesse am vertrauten Visavis ist längst einer zeitbedingten Mattigkeit gewichen. Und überhaupt, so viel hat man sich nicht mehr zu erzählen nach vierzig Jahren Stammtischplauderei und wenn man zügig auf die achtzig zugeht.

Jeder weiß von jedem fast alles, selbst verborgene Geheimnisse von verschwiegener Brisanz sind größtenteils gelüftet, was kann da jetzt noch wen aus der wortkargen Lethargie der späten Jahre reißen, es sei denn, „der Chinese" besetzt Berlin. Oder einer der Honoratioren wirft ein Reizwort in die Runde, das doch noch für Furore sorgen könnte. Heute ist es das: „Habt ihr den Penner gesehen, der da am Morgen auf dem Marktplatz saß?"

Niemand hatte, aber jeder ist sofort im Bilde: „Säufer, Schluri, arbeitsscheues Gesindel – Pack wie der gehört weggesperrt! Wo käm' denn Deutschland hin …"

Der obdachlose Mann jedoch hatte lediglich, mit dem Rücken an die Grundmauer der Peterskirche gelehnt, auf dem nebelnassen Kopfsteinpflaster gesessen, den Filzhut vor den durchgelaufenen Schuhen, und mit leerem Blick darauf gehofft, dass ihm jemand eine Münze in die verstaubte Kopfbedeckung wirft.

Er hatte auch immer wieder devot mit dem Kopf genickt, als am Morgen die Hausfrauen auf dem Weg zum täglichen Einkauf an ihm vorbeigehuscht waren. Und den Kindern zugewunken, die vor ihm stehenblieben, um sein absonderliches Erscheinungsbild mit der Unschuld ihrer frühen Lebensjahre zu bestaunen. Aber anders als in der großen Stadt, aus der der Mann gekommen war, hatte niemand zurückgegrüßt. Auch der Hut war leer geblieben.

Gegen Abend dann war die abgerissene Gestalt von zwei Spaziergängern am Rheinufer gesichtet worden. Dort hatte sie in sonderbar verkrümmter Haltung quer über dem schmalen Leinpfad gelegen, der vis-à-vis der Insel entlang der Uferböschung läuft, und immerzu merkwürdig gezuckt.

„Alkohol-Epilepsie", hatte der herbeigerufene Arzt diagnostiziert und auf die Frage einer der Herumstehenden gebellt: „Der lebt keine zwei Stunden mehr." Dann war er davongeprescht mit dem Notarztwagen und seinem Müll aus Fleisch und Blut an Bord in Richtung Oberweseler Krankenhaus. „Gottseidank ist der aus dem Weg", so einer der Zurückgebliebenen, Fußtüchtigen, Gesunden, „der Anblick war scheußlich. Schließlich leben wir hier vom Tourismus. Und gestunken hat er wie ein Bock."

Dann hatte sich der Tag dem Ende zugeneigt, die Sonne verkroch sich hinter dem Bergfried von Burg Stahleck, und wer noch draußen unterwegs war zwischen Rheinufer und Schlossberg trollte sich nach Hause in die Arme seiner Lieben. Der Zwischenfall am Rheinufer packte dennoch den Sprung unter die Schieferdächer der kleinen Stadt am Rhein.

Allzu lange nämlich hatte sich dort nichts mehr ereignet, was der Erwähnung wert gewesen wäre. Die Nachricht geisterte über die Biertheken der Wirtschaften, beflügelte mit einem wohligen Schauer der Entrüstung die Gespräche an den Abendbrottischen der Familien und zerstreute auf dankbare Weise die späte Langeweile einer Handvoll Rentner, die sich zur Dämmerstunde auf dem Marktplatz, auf Abwechslung hoffend, die schweren Beine in den Bauch standen.

Bei aller ungewohnten Aufmerksamkeit aber, die dem fremden Gast zuteil wurde, fiel auf, dass niemand auch nur einen versprengten Funken Mitleid mit der armen Kreatur hegte. Dies, obgleich der Mann die vielleicht düsterste Not durchlebte, die einem Menschen widerfahren kann.

Er war ganz offensichtlich ziemlich alt, schwer erkrankt, ohne finanzielle Mittel und vollkommen alleine. In einer fremden Stadt, in der alle satt zu essen hatten, ein Dach über dem Kopf, ein warmes Bett zum Schlafen und Freunde, Familie, Kinder, für die alle augenscheinlich bestens gesorgt war – nur für diesen einen nicht, in keinster Weise.

Doch der Mann war nicht zufällig in die kleine Stadt geraten. Er hatte sich – was niemand ahnen konnte – von weit her auf den Weg gemacht und war fünfundfünfzig Jahre, drei Monate und vier Tage unterwegs gewesen. Zuletzt getrieben von der düsteren Gewissheit, dass das Ende seines langen Luderlebens nahe war, und der Sehnsucht nach eben dieser kleinen Stadt am Rhein. Nach der Bleibe seiner frühen Jugend, die ihn einst hatte so schändlich ziehen sehen müssen an einem warmen Sommertag im Juni.

Als einer, der das Stehlen nicht und nicht die jämmerliche Sauferei hat bleiben lassen können und nach dem am Ende gar die friedfertigsten aller Hunde schnappten, weil des Trugenboldes Schweißgeruch von krimineller Wut und Lebenshass ihnen wie Pfeffer in den feinen Nasen brannte.

Er hieß Gustav und war als „Besatzungskind“ auf die Welt gekommen. So nannte man in Anspielung auf die zunächst noch äußerst ungeliebten Sieger Kinder von der „unerhörten“ Art, die in der kleinen Stadt das althergebrachte Bild von öffentlicher Ordnung und Moral in seinen Grundfesten zum

Wanken brachte: Seine Haut war schwarz, und der Soldatenvater aus dem fernen Texas hatte sich vor der Geburt des ungewollten Kindes über den großen Teich davongemacht. Die Mutter trank sich tot aus Scham und Kummer, die Großeltern starben beide an den späten Folgen einer Kriegstuberkulose.

Der Bürgermeister schließlich hatte auf der langen Suche nach noch lebenden Familienangehörigen eine ferne Tante Gustavs aufgetan. Die war nach der Scheidung aus einer unglücklichen Ehe in ihrem 100-Seelen-Nest tief im bayerischen Wald kinderlos zurückgeblieben. Im Anruf aus dem fernen Rheintal witterte sie das Glück der späten Mutterschaft, und ihr von alten Menschen übervölkertes Dorf freute sich auf den ersten „Nachwuchs" seit zehn Jahren.

Wohlweislich jedoch hatte das Gemeindeoberhaupt der Dame aus dem Bayerischen den „Makel" am menschlichen Objekt der Übergabe unterschlagen. Man setzte darauf, dass die Verlassenheit des Waisenkindes in der Brust der Tante die Glut der Barmherzigkeit entfachen würde. Die Rechnung ging nicht auf.

Die am Telefon so liebevoll Besorgte war aufgewachsen, wo es das kulturelle Erbe als heiliges Vermächtnis wider alles Neue zu bewahren galt, das von außen seinen fremden Fuß über die Grenze der Gemarkung setzte. Und wo vor den Scheunentoren und Kuhställen der Milchbauern die Schrecknisse des Krieges wie ein ferner Platzregen am Horizont fast unbemerkt vorbeigezogen waren. Als bleibende „Beschädigung" des Alltagsfriedens hatte, so empfanden es die ganz Alten, lediglich jene „schräge" Musik der Amerikaner überlebt, die seit 1945 aus dem Radio heraus die zarten Zitherklänge ihrer vertrauten Heimatlieder in Grund und Boden stampfte.

Eine Woche nach des Bürgermeisters Telefongespräch war besagte Dame mit spitzem Hämmerschritt und dem überraschend eisigen Gesicht blutleerer Weiber auf dem Rathaus erschienen. Von der Dauerwelle bis zum blendend hell polierten, schwarzen Lackschuh das Abbild einer Amazone gnadenloser Ordnungsliebe und althergebrachter Lebensart von Sitte und Moral.

„Ich zieh doch keinen Affen groß“, schrie sie entgeistert auf, als das in ihren Augen schändliche Produkt der Täuschung durch die Tür des Bürgermeisteramts gestolpert kam. „Schwarze Haut und rote Haare! Mit so etwas verschreckt man im Freistaat Bayern auf der Kirmes in der Geisterbahn die Passagiere. Und wagen Sie es nicht, mir diese Ausgeburt der Sünde nachzuschicken. Bei uns zu Hause toleriert der Mensch nur Menschen, die wie Menschen aussehen.“

Das „Besatzungskind“ jedoch hatte alle Hoffnung auf die Güte dieser fernen Tante gesetzt. Im Angesicht der fürchterlichen Wende nun fühlte es sich wie aus der Welt hinausgetreten. Das wiederum versetzte sein ohnehin beschädigtes Gemüt in eine Schockstarre, die sich mit der unumstößlichen Gewissheit in sein Herz verbiss, dass sich an dem gottverlassenen Jammerleben eines ungeliebten Waisen wie dem seinen niemals etwas ändern würde.

Schlimmer noch: Der vom Rassenwahn des Nationalsozialismus geprägte Zeitgeist verpasste ihm den Stempel „Negerkind“ und damit einen Makel, der ihn für alle Zukunft zum Gespött der Leute machen sollte. Die Seelennöte eines jungen Menschen, der mit dieser Bürde seinen Weg ins Leben nehmen musste, rührten nur sehr wenige.

Im Herbst darauf fing Gustav an zu stehlen. Er stahl alles, was ihm in unbewachtem Zustand vor die Nase kam. Kaum halbwegs erwachsen, geisterte er nachts über die Dachspeicher der Nachbarschaft, plünderte den alten Hausrat dort und verhökerte auf den Flohmärkten der Umgebung Tassen, Töpfe, Pfannen und abgetragene Bekleidung, Stück für Stück immer noch brauchbarer Wohlstandsmüll, den die heile Welt um seine Armutswenigkeit herum im aufkeimenden Überfluss der Nachkriegszeit offenbar ohne eine Spur von Trennungsschmerz entsorgt hatte.

Er plünderte im ablenkenden Menschentrubel der Saison die Registrierkassen der Hotels, wenn er sich dort abseits des Restaurantbetriebs im dunstigen Treiben der Küchen beim Spülen des Geschirrs zum Leben ein paar Mark hinzuverdiente, und gab sich mit Bier und Doppelkorn die Kante an den Theken der Umgebung, ohne die Zeche zu bezahlen.

Wer auch nur einen Hauch von Anstand in sich trug, mied den Umgang mit dem schwarzen Schaf der kleinen Stadt am Rhein. Geblieben war Gustav nur der eine Freund, Sohn der großen Metzgerei. Der sagte immer: „Du bist kein schlechter Kerl. Unter Deiner dunklen Haut schlägt ein braves Herz. Es hat nur zu viel Schmerz ertragen müssen, und was ihm fehlt, ist eine Menschenseele, die ihn in die Arme nimmt und tröstet, wenn er weint."

„Was hilft mir das", hatte Gustav einmal voller Bitterkeit zurückgeworfen, „Die Mutter bringt's mir auch nicht mehr zurück, und der Teufel soll die schwarze Seele dieser Tante holen." Dann hatte er auch dort die Ladenkasse aufgebrochen, in der Mittagspause, als sich die Metzgerfamilie wie jeden Donnerstag um diese Zeit beim Sauerbraten an der Nähe ihrer Blutsverwandten wärmte, hatte im Schlachthaus den letzten großen Schweineschinken abgehängt und war davongezogen.

Auf dem Leinpfad vor der Insel angekommen, hatte er noch einmal zurückgeblickt auf die kleine Stadt am Rhein. Sah die Schieferdächer silbern in der Sonne flimmern, so friedfertig und glückverheißend, als beschirmte ihr Gebälk darunter bis zum Ende aller Tage einen untötbaren Schatz der Liebe, der kleine Kinder vor dem Alptraum einer ungerechten Herkunft schützt.

„Geschissen auf die Heimat! Ihr Anblick trügt", schloss er die bittere Geschichte seiner Jugend ab. „Sie ist das Vermächtnis vom Scheitern aller Hoffnung."

Gustavs Leben auf der Straße begann mit diesem Tag im Juni und prügelte ihn als obdachlosen Säufer und Gewohnheitskriminellen durch zwanzig Haftanstalten der Nation. Er lief, wohin der Wind ihn trieb, und wusste in der Regel nicht einmal, in welcher Stadt er gerade bettelnd seinen Hut aufhielt.

Das unwürdige Leben auf der Straße als fleischgewordener Abfall der Gesellschaft, die tägliche Sorge um ein geschütztes

Nachtquartier, die in seinem Kopf rotierte, kaum dass er morgens in irgendeinem fremden Hauseingang die Augen aufgeschlagen hatte, die Prügeleien mit den Tippelbrüdern um den lukrativsten Bettelplatz am Bahnhof und nicht zuletzt die abgründige Verachtung im verstörten Blick der Kunden, wenn er sich im Supermarkt von seinem letzten Geld die Flasche Rotwein kaufte, dieses kräfteraubende, lebensmüde Penneralltagselend stumpfte mit den Jahren seine Seele ab und versetzte ihn in einen erneuten Dauerschockzustand, der gegen jede Art von menschlichem Berührtsein unempfänglich machte. Im letzten Winter hatte er nicht einmal mehr gefroren.

Doch dann hatte der Doktor in der Notaufnahme lakonisch konstatiert: „Vollkommene Zerrüttung aller inneren Organe. Damit überlebt kein Mensch das nächste halbe Jahr", und für einen Augenblick der Klarsicht war da in Gustav der Wille aufgeblitzt, dorthin zurückzukehren, wo er den ersten Lebensschrei getan hatte, bevor sein unnützes Ganovenschicksal endgültig und unwiderruflich aus der Welt gefallen war.

Plötzlich war er sich bewusst, dass die Heimat all die Jahre auf der Straße die einzige Konstante in seiner Vita geblieben war. Ein Schatz von Ewigkeitscharakter, den er zwar mit vielen anderen Menschen teilte, der aber dessen ungeachtet immer auch der ureigene und einzige Besitz in seinem Leben war, den ihm niemand nehmen konnte.

Als er nun mit den letzten Kraftreserven auf dem Leinpfad vor der Insel angekommen war, sah er die Schieferdächer der kleinen Stadt wieder in denselben Glanz gehüllt, der ihm vor fünfundfünfzig Jahren, drei Monaten und vier Tagen an dieser Stelle den Abschied von seinem Jammerlos als „Besatzungskind" mit schwarzer Haut und roten Haaren so bitter leicht gemacht hatte. Inzwischen aber hatten die zermürbenden Alltagsscherereien „auf der Walz" mit ihrem mörderischen Überlebenskampf in Gustavs Brust die Schmerzen der Jugend getilgt.

Diese hatten sich zunächst auf eine weniger empfindsame Ebene der Wahrnehmung zurückgezogen und waren dort nach und nach zur unscheinbaren Größe jener kleinen Kieselsteine verblasst, die er mit seinem Freund, dem Metzgerbub, in der Kinderzeit so emsig am „Ketzerstrand“ vor der Insel im Schwemmsand stöbernd eingesammelt hatte. Schließlich waren die Enttäuschungen des frühen Lebens nur noch wie ein unbestimmtes Rauschen aus der Vergangenheit an sein Ohr gedrungen – und die Seele hatte sich geöffnet für die Gnade der Versöhnung.

Gustav sah die Wellen auf dem Rhein wie ein Meer aus Silbermünzen im Sonnenlicht des warmen Junitages glitzern und spürte, wie ein tiefes, stilles Glücklichsein sein ganzes Ich erfüllte – das erste Mal seit fünfundfünzig Jahren, drei Monaten und vier Tagen.

Es war derselbe Anblick, der sich ihm einmal in weit zurückliegender Zeit geboten hatte. Damals war er, ein kleiner Bub noch, an der Hand seines Großvaters am Rhein entlanggestolpert. Im nassen Gras der Uferböschung stocherten die Ringelenten mit den Schnäbeln nach einer Mahlzeit fetter Würmer, eine weiße Möwe zog schreiend ihre Kreise, vom Wasser rollte das watteweiche Tuck-tuck-tuck der Schiffsmotoren heran und der Vater seiner Mutter flüsterte ihm ins Ohr: „Du bist mein größter Schatz.“ Gustav griff sich an den Kopf. Wie hatte er nur vergessen können, dass auch er einmal mit aller Hingabe geliebt worden war, mit der ein Mensch nur lieben kann. Augenblicklich verlor sich in seinem Herzen die Verbitterung über sein vermurkstes Erdendasein und mit ihr die wirren Ängste vor dem nahen Ende und dem Fegefeuer.

Zurück zum Stammtisch in der Weinstube Schamber:

Als nach einer Viertelstunde der verbale Feuersturm der Tischgesellschaft abebbt, versuche ich zu vermitteln: „Er war sicher sehr einsam, der Mann ...“ „Da geht mer unner Mensche!“, fährt der Metzgermeister im Ruhestand aus der Haut, „so einfach is das.“

„Vielleicht hatte er einen Schicksalsschlag, den er nicht verkraftet hat ...“ „Isch hat jede Menge Schicksalsschläsch“, echauffiert sich der Prokurist der Großmästerei für Zuchtschweine mit plötzlich roten Flecken auf der Stirn, „un isch bin nit da dran kaputt gegange …"

„Möglicherweise waren die ja nicht schlimm genug …" „Waaaaaaas?" reißt es den Metzger a. D. erneut vom Stuhl. „Mein Vadder war fünf Jahr in russischer Gefangenschaft, Frau! Un hat, als er wieder daheim war, weiter gemacht als wär nix gewes …"

„Als er nach Hause kam, war da ja auch seine Familie, nicht wahr?" „Das hätt der auch ohne sei Leut geschafft!", schreckt es den Mann, kaum dass er wieder sitzt, erneut vom Platz, ein böses Glitzern auf der Pupille seiner Adleraugen. „Sind Sie sicher …?" Das ist die Frage aller Fragen!

Sie landet wie der Angelhaken im Karpfenteich. Jeder will einmal ran ans Wort. Mit dickem Hals und rauer Stimme. Als hätte man ein Leben lang darauf gewartet, hier und jetzt an dieser Stelle loszuschlagen.

Auf dem Eichentisch türmen sich die Dramen schicksalsschwerer Nackenschläge, Prüfungen, die aus der Hölle kamen und die sie alle – logisch! – mit Bravour bestanden hatten.

Ich nehme allen Mut zusammen und sage noch etwas. Ich sage: „Mir tut der Mann dennoch leid …" Die Stimmung schlägt um in akuten Kriegszustand. Ich werde belauert wie der Feind in Stellung. Sekundenlang. Dann bläst kühler Wind durch die Gaststube, obgleich die Türen doch geschlossen sind.

Der holt die nächsten Geschichten aus den Schattenecken der Erinnerung ins Hier und Jetzt. Laut klirrende wie die von Glas sind das nun, das für immer zu Bruch ging in jener fernen, dunklen Zeit der Väter, und die so schmerzhaft waren, dass der Rhein vor Mitgefühl in Tränen ausbrach. Und die schonungslos belegten, wie das Böse siegte, weil sich jeder nur selbst der Nächste war, um das Inferno des Gemetzels auf den Feldern Stalingrads irgendwie zu überleben.

„Und die hon", so das kollektive Fazit der Entrüstung, „viel mehr mitgemacht wie so en arbeitsscheue Tippelbruder."

Aufgelöst wird jetzt Rotwein geordert, schwarzroter, wie dickes, schweres Blut, der die Glut der Hahnenkämme dämpfen soll. Doch die Macht des Alkohols besänftigt kaum die notbesetzten Emotionen. Mit flatternden Händen werden Zigaretten angezündet und nach zwei, drei aufgebrachten Zügen wieder im Aschenbecher ausgedrückt. Zwei Nachkommen der Kriegsheimkehrer von der Ostfront hasten im Stolperschritt auf die Toilette, einer bellt nervös nach einem Schnaps, und drei Gesichter sehen plötzlich aus, als seien sie hundert Jahre alt.

Eben noch messerscharfe Züge fallen aus dem Lot, Wein fließt wie vor vierzig Jahren, und Zigaretten und Alkohol mutieren zum elenden Korsett, das alle stützt. Das Besäufnis, ein tönernes, niederdrückendes, nimmt seinen Lauf.

Aber damals, auf der Flucht aus der Gefangenschaft, so das einhellige Fazit, wurde den Überlebenden des Grauens noch an jeder Haustür ein Stück Brot gereicht. „Heut kannste", lallt der Metzgermeister über seinem fünften „Roten" und lässt die Zigarette fallen, „heut kannste so was glatt vergesse."

Ein Bild aus vergessenen Tagen schleicht sich in seinen Nebel der Erinnerung. Es zeigt Gustav, seinen besten Jugendfreund, mit dem scheuen Blick des ungeliebten Waisenkindes, das sich dafür schämt, dass es geboren wurde – und augenblicklich schwimmen des alten Mannes vom Grünen Star getrübte Augen in einem Schleier dicker Tränen.

Wahrscheinlich wurde der Gustav längst von jemandem erschlagen, den er ebenfalls bestohlen und betrogen hat, schloss er bitter, oder er säuft sich an den Schnapstheken der Nation in die Fänge des Deliriums. Möglicherweise aber schmort er auch in der Einsamkeit einer Gefängniszelle bis zum Ende seiner Tage und bereut endlich aus tiefem Herzen, dass er im Hass auf sein verkorkstes Leben mit schwarzer Haut und roten Haaren einmal die letzte Freundschaft in den Wind geschossen hatte, die ihm noch geblieben war.

Dumpfe Trauer füllt den Raum bis hinter die Brokatgardinen aus den Fünfzigern, und das sperrige Geweih des Zwölfenders droht von der Wand herunter wie die schwarze Hand des Schicksals. Von St. Peter schlägt es zwölf, tief, laut und mächtig, als die verstörte Mannsgesellschaft mit schwerem Tritt nach Hause wankt.

Eine „Stinkwut auf den Penner“ im Bauch, hatte der sie doch wieder losgetreten, diese geheime, durchgeschwitzte, widerliche Angst im Herzen aller, einmal in der Not von Gott und der Welt so schändlich im Stich gelassen zu werden wie diese obdachlose Kreatur vom Leinpfad.